HAPPINESS

며느리 사표

RESIGNATION LETTER

·start·

媳婦的辭職信

在婚姻裡我選擇不當媳婦，

勇敢拋下婆家束縛後，奇蹟竟一一出現

金英朱————著・劉小妮————譯

推薦序1

從婚姻浪漫的幻想中醒過來

諶淑婷（文字工作者，人母、人妻、人子與媳婦）

我時常告訴別人，雖然我只有八年的婚姻資歷，五年的人母經驗，但如果時光能夠倒流，我絕對不會結婚。我很愛孩子，也非常享受目前養兒育女的生活，每日與他們相伴的點點滴滴，讓我感覺滿足愉快。但是婚姻？算了吧，我真的受夠了！

如果可以，我希望《媳婦的辭職信》可以隨著婚宴喜餅一起發送，有本好書讀至少可讓漫長等待上菜的時間不會太無聊，也讓被現場浪漫氣氛衝昏頭的未婚人士冷靜一下。眼前的新娘新郎猶如公主王子，相信所有關於婚姻美好童話，但他們要知道，這一天過後，浪漫貼心的小動作只剩下翻不完的白眼。不煮飯、不會做家事也沒關係的寵溺，從此成了看對方不順眼的最佳理由。

唯一的解方，就是在決定結婚的同時，就認知彼此是未來人生的「合作夥伴」，時時檢討、一同修正彼此「可以勉強忍受」的生活方式。最重要的是理解這是一種可解約關係，例如本書作家金英朱在當了二十三年的好媳婦，向公婆遞出了辭職信，向老公要求離婚，還要成年的孩子們搬出去。

不能否認，這三項舉動會讓多數女人都拍手叫好、男人錯愕，畢竟即使是二十一世紀，女人的身分依舊是「誰的誰」。誰的太太、誰的媽、誰家媳婦，鮮少有男性擔心孩子出生或是公婆臥病時，該如何調整工作，或是逢年過節要準備哪些食物帶回婆家。男人從不擔心，因為是回自己家，自在就好，但那裡不是女人的家。如果女人有所埋怨，除了必須面對男人的不解，還要承受其他女人的責難，如金英朱所面對的批評：「你以為誰是想當媳婦才當媳婦的？」

小時候我不懂，為什麼媽媽煮完整桌飯菜就吃不下了。剛結婚時回婆家吃飯，也不習慣婆婆站在桌邊吃飯。等我成了家庭主婦，忙著照料家務、餵兩個孩子時，我才發現自己也站著吃飯，而且對於冷掉的飯菜已經毫無胃口，可是碗槽裡還有家中其他男性擱著的碗等著洗呢！

金英朱寫，如果抱持著對結婚的錯誤想像會走錯很多路。每個女兒都以為自己找到深愛的男人結婚，就能過著不同於母親的生活，卻忽略了痛苦可能來自於目前深愛的那個男人。而讓女人辛苦的不一定老是被冠上邪惡角色的婆婆，其實是自己啊！不知不覺被婚姻枷鎖困住的自己，內心成了婆婆的模樣為自己設下媳婦框架，卻忘了自己才是人生的負責人。

書中用了許多童話故事（〈藍鬍子〉、〈沒有雙手的新娘〉、〈白雪公主〉）與電影（《刺激1995》、《無敵浩克》、《今天暫時停止》、《因為愛》、《神鬼第六感》、《靈異第六感》），以及大量的夢境（被婆婆偷走鞋子、想阻止老公吸菸卻說不出話、無法順利排泄），金英朱想寫的不只是驚世駭俗的「逆媳」，而是每一名女人／媳婦／妻子都該思考「我是誰」，為什麼我們討厭某些人的樣子——因為那就是我們的真實模樣。我們其實和自己最討厭的人，沒有什麼兩樣，別忘了，一起從煙囪爬出來的兩人，不可能只有一個人的臉是髒污不堪的。

金英朱藉由逃脫各種社會賦予女性身分的過程中，逐步釐清自己對他人的憤怒、羨慕與嫉妒。在這些情緒表層下，找出隱藏起來的真相，了解他人行為不斷刺激到自己感受的原因。她勇敢面對內在鏡子，以免看錯對方，也看不到自己真實的模樣。

金英朱所獲得的不只是自由，也包括恐懼。離開了家庭的羽翼與丈夫的依靠，她必須為自己做更多決定與負責，她會有愧疚感，為了自己抗拒各種女性角色而難受。但一切都值得，因為她選擇做一件和昨天不一樣的事，結束內心渴望變化卻沒有任何行動的媳婦歲月，原來自己始終是自己，從來無法成為伴侶或家人期望中的模樣。自此，她終於正式地從婚姻浪漫的幻想中醒過來了。

推薦序2

把自己活好，才有幸福的可能

楊嘉玲（諮商心理師、《心理界限》作者）

記得收到出版社推薦邀約時，一看到書名，直覺反應如果這本書是作者的親身經歷，那麼裡頭一定充滿不少鄉土劇情節。作者在一個大家族裡頭受盡欺凌，被情緒勒索、精神虐待、為了爭奪孩子的監護權不得不……，所有曲折離奇的劇情，自動在我腦中蔓延開來。

直到我收到書稿，讀完第一章，我發現這一切全是自己的腦補。

作者周遭並沒有任何一位被傳統認定的壞人，可也正因為如此，我們得以輕易地發現傳統又是怎麼剝奪一位女性的自主與發言權。

當作者一腳踏進婚姻後，迎接她的不是幸福快樂的日子，而是無邊無際的身體與情緒勞動，以及無條件就任的「長媳」職務。

從此，她身邊的人看到的不是一個完整的「金英朱」（作者名），而是一個必須事事恪守禮俗的「角色」。所有愛她的親友用自己認定的「應該」對待她，期勉她成為延續家族傳統的支柱與榜樣，這裡頭包含許多信任，可也是這一條條的規定、舊習、期待，無聲無息地將作者的意志給摧毀。

最後作者只剩兩條路可選，一條是抹去所有個人的思想，服膺於整個社會對女性的要求，就像她前面已存在的成千上萬的女人；另一條是逃離婚姻，進而解除因體制所帶來的種種枷鎖。

似乎要脫下「媳婦」這個角色，唯一的辦法只有放棄婚姻。

我相信在這本書誕生之前，所有遭遇婆媳問題或難以適應夫家文化的女性，都是這麼想的。因為我們無法要求先生選擇他的家人，更不能要求他放棄。所以我們努力扮演好這個職務，只因我們也不希望所愛的人，夾在中間為難。

不幸的是，有些事情不是你努力就會有好結果，當價值觀、生活模式發生衝突時，割捨是必然的結果。

如果我們還不願意放棄婚姻，是不是能先放棄媳婦角色呢？這是作者替女性問出的一個重要問題。

到底我們能不能只愛伴侶，而不一定要把他背後所有的人一起愛進來？這樣的決定究竟是「自私」，還是「自愛」？除了當事人，沒人能替她論斷。

我很喜歡作者在書中用了許多夢境和童話故事詮釋自己的處境，其中有一篇是大家耳熟能詳的故事——〈灰姑娘〉。作者透過遺失的玻璃鞋，來隱喻自己的行動被限制。然而，若我們將故事的脈絡再拉大一些，你會發現在灰故娘的故事中，女主角是被放在受害者的位置，是因為有欺負她的繼母和姐姐，她的生活才會過得如此困苦。她必須保持善良，才會有仙女來拯救她，實現她想參加舞會的夢想。此外，在關係中她也必須是被動、被王子尋找的那一方，千萬不能表現得太過主動、積極。如同我們這個社會對女性的期待，要懂得順從、配合，不可太過強出頭。

我一直相信故事是很有力量的，會不知不覺影響我們的信念。當一個女孩從小聽〈灰姑娘〉、〈白雪公主〉、〈睡美人〉的故事久了，她會不會開始相信只要保持柔順，就會有一個英雄出來拯救她，解決她所遭遇到的困難，而不是自己起身發動改變？

還好有了這一本書的誕生，開始有不同版本的故事出現。透過作者的筆，我們開始了解如果繼續保持連結，不能讓彼此更好，那妳可以決定是否要先把自己活好，勇敢地跳脫讓自己受苦的位置，不再被動等待救援。

或許，我們的文化短時間之內還是會對女性有諸多要求與限制，但透過一個不同故事的流傳，我相信女性自覺意識是會被慢慢啟發與茁壯的。

然後，在好久好久以後，在任何一個國度，女孩們都將學會，委屈、犧牲不會換來愛，唯有把自己活好、說清楚，才有幸福的可能。

作者序

身為媳婦、妻子、媽媽的女人們，妳們過得好嗎？

女人婚前和婚後的人生是截然不同的。婚前，女人跟男人關係對等，可以表達自己的意見，過著自主的人生。一旦結婚，為了成為好妻子、好媽媽、好媳婦，女人只能是公婆的「媳婦」、先生的「妻子」、小孩的「媽媽」。不知不覺中，女人不只是失去了自己的聲音，甚至自我也遺失了。

現在女性在外工作的比例和時間急速增加，但男性參與家事的時間和過往並沒有太大的差別。女人要賺錢、要照顧小孩、要準備早餐，還要代替先生孝敬公婆。每到了節日，對已婚女性來說，便是壓力大到會得「節慶症候群」的日子，再加上根深蒂固的父權觀念束縛，讓女性在這些角色中無法逃脫。背負著這些角色的女人們，即便痛苦也不知道問題在哪裡，因此即使想解開痛苦的線團，也只讓狀況更加混亂，挫折感倍增。

我並沒有女性學的專業背景，但我的夫家是個以男性為尊的大家族。長年來，我的主婦生活讓我清楚瞭解，女性背負的壓力和不合理。於是我決心擺脫夫家的束縛。我跟公婆提交了媳婦辭職信，也對先生提出離婚的要求，還把大學畢業了的兒子和女兒送出家們，讓他們學習獨立生活。當我做了這些事之後，事情開始發生變化了，而這些變化真可以用奇蹟來形容。我從順從和犧牲的角色中走出來，再次找回了自我的主導權。和夫家以及先生也從垂直的順從關係變成水平的平等關係，我再次找到我的鞋子，還有我的聲音。

我的力量源自於每天晚上做的夢。從小到大我幾乎不曾和人吵過架，並非因為我是個和平主義者，而是因為我很膽小，所以總是選擇逃避。不知不覺中，我認為自己的存在是渺小又卑微的，總覺自己沒有用。但當我聽得懂夢的語言之後，我聽到了自己遺失許久的聲音。過去的夢告訴了我「我是誰」，在這裡遺失了什麼，又為什麼如此痛苦。找到問題並解決之後，我重新獲得力量，也開始付出行動。我通過夢這個內在的世界，學會了在現實世界活下去的智慧。

我的故事說起來極為慚愧。懵懵懂懂就步入了婚姻，婚後的日子，就像生活在黑暗漫長的隧道。我身在其中，來回徘徊不停，被困得喘不過氣來，但卻回不去也走不出來。當時，我真的很想聽聽那些曾走出來的人的故事。所以，我鼓起勇氣寫出這本書，就是為了幫助像過去的我那樣，在婚姻中感到寂寞痛苦的人。每個人都具有改變人生的力量。不管現在的妳，處境有多麼艱難，一定都可以改變，過著自在幸福的人生。我只是想傳遞這個想法。

這本書描述的是一個軟弱女人，在婚後所遭遇到不合理的事，以及改變自己人生的故事。

我的女兒和兒子不知不覺已來到二十歲的後半段階段，不久的將來也要變成他人的妻子和丈夫。我希望他們各自結婚後，都能和另一半過著尊重且平等的夫妻生活。特別是一九九三年出生的女兒，我真心希望，即便是婚後，她也不會失去身為女性的聲音，過著平和的人生。我就是保持著這樣誠摯的心來描述我個人的慚愧故事。

再次表明，本書的內容是我個人主觀的經驗和解析。

二〇一八年一月

英朱

目錄

第2章 關於我消失了的人生

第二部 找尋自己

第3章 透過夢境面對自己

第4章
我和你是照出對方的鏡子

第三部 不當媳婦之後

第5章 展開一人份的人生

第一部

媳婦的辭職信

第1章

決心不再當媳婦、妻子和媽媽了

對不起，我不要再當媳婦了

這已經是五年前的事情了。我交給公婆一封不再當媳婦的辭職信。那時正好是中秋節前兩天。這個想法並非長時間深思熟慮後做的決定。其實當時的我，在某種程度上早就擺脫了所謂媳婦的過節壓力。但越靠近中秋節，我還是會感受到一股小小的壓迫感。在那一刻，我突然連這種壓迫感也想通通擺脫。當然我也會懷疑自己是不是太過貪心了。因為從好幾年前開始，過節或祭拜時需要的食物大多數都用買的，我也只需準備湯和飯而已。

就這樣，我獨自一人想了又想，在職場上不管工作再久都可以辭職，為什麼媳婦這個角色不想當的時候，卻不能那樣做呢？即使有離婚，也從沒聽說過

「媳婦辭職」。難道不想當媳婦，只有離婚或死亡這兩種方法嗎？我不想通過這兩種方式結束媳婦的角色，我只是想脫下「媳婦」這件外衣。

我想：「從沒有人寫過媳婦辭職信也沒關係，就讓我來做吧！」一有這樣的想法，我立刻寫封辭職信，決定不當媳婦了。那是中秋節前兩天的晚上，我拿著上頭寫著「媳婦辭職信」的信封，就這樣去了公婆家。信封內什麼也沒有。我原本想寫不想當媳婦的理由，後來還是作罷。因為原因就只有，再也不想當媳婦而已。

從我住的地方到公婆家，車程約十分鐘。因為臨近中秋節，路上車子非常多。坐在公車上的我，因為害怕和緊張，雙手抖得不停。「妳身為長媳，有做了什麼嗎？妳怎麼可以這樣做⋯⋯。」我可以想像自己將會如何被大聲斥責。我甚至還做好被公婆甩巴掌的覺悟。不，應該說不管等一下會發生什麼事情，我都心甘情願接受。

我站在公婆家門時，感覺心臟都快要跳出來了，我先做了個深呼吸才走進去。公婆看到媳婦在中秋節前就來訪，極為訝異，他們問我：「這麼晚了，有什麼事情嗎？」我感覺公婆多少也有點緊張了。我走進客廳之後，馬上拿出那封寫著「媳婦辭職信」的信封交給他們。公公把信封裡裡外外看了看。

「這是什麼呢？」

「對不起，我不要再當媳婦了。」

公公好像忘記要說什麼話似的，陷入了沉默。我低著頭，就像脖子靠在刀刃上，正在等待處決的死囚。就這樣，在一陣寂靜過後，我聽到了公公平靜的聲音：

「妳辛苦了。我只顧著叔公跟姑婆們，卻沒有好好照顧你們。」

公公停了一下，又接著繼續說：

「妳就做妳想做的吧！你們過得好就行。我們自己會過得好，不用操心。過去真的讓妳受苦了，我身為爸爸真的很抱歉。」

聽到公公說出讓我完全意想不到的話後，緊繃的情緒一下子釋放開來，眼淚忍不住流了下來。

「不是的，我也沒做好……。」

我緩了緩氣後，鼓起了勇氣繼續說：

「長期以來，我都被長媳這個角色沉重的壓迫著。我不想再當媳婦了。爸爸、媽媽，真的非常抱歉。」

這時候，坐在旁邊的婆婆說話了：

「我們自己會過得很好。你們夫妻跟孩子們好好過吧！我一直很感謝妳對我們的費心。從現在起，妳照顧好自己，不用擔心我們。」

公婆的寬容態度，讓我哽咽了。他們的心一定受傷了，我感到非常抱歉和內疚。

「不論什麼時候，妳想來的時候都可以來。不管是十年，還是二十年後，妳內心沒有負擔的時候再來，不來也沒關係。」

就這樣，我們多聊了幾句後，彼此就無話可說了。於是，我起身離開。

「過去這段時間，真的非常感謝你們。我走了。」

放下擔任了二十三年的長媳角色，並沒有花很多時間。我走出公婆家時，感覺卸下了肩膀上扛著的巨大行李，但內心卻沒有變得輕鬆。不，反而還因為複雜的心情和緊張感同時釋放而感到全身無力，異常空虛。

如此簡單，如此輕易，如此快速的就可以不用再當媳婦，令我感到空虛。同時，我也因為對公婆感到極為抱歉而痛苦。如果被他們罵或甩巴掌的話，或許我現在心情會好過些。我好像對八十高齡的公婆做了罪大惡極的事，一直無法擺脫罪惡感。

我走到大馬路上，看著正在為中秋節忙碌準備的人們，不知道該如何撫平內心的淒涼。

兩天後就是中秋節了，這是我婚後第一次不用到公婆家過節。但即使不去公婆家，也無法帶著老公跟小孩回娘家。得要告知娘家媽媽，短時間之內我不會回去了。我想我的母親不會認同我的做法，但她一定會站在我這邊，她一定會問我，過去是承受多少痛苦才決定這樣做？她一定可以理解我。

當初我要跟先生結婚的時候，母親是最反對的。因為先生是大家族的長男，公公那一輩有九個兄弟姊妹，還有祖父母。媽媽是長媳，她知道身為長媳有多辛苦，因此極力反對，不希望自己的女兒也受苦。最後，她是看到我對先生的信任和愛，以及公婆人很好，才答應這門婚事。

我就在對公婆罪惡感尚未消失的狀態下，打電話給母親。母親聽我說完後，嚇了一跳，突然提高音量說：「妳怎麼可以那樣做？」母親的反應跟公婆截然不同，反而讓我不知所措。

「妳怎麼可以對那樣好的公婆做出這種事？」

母親的態度好像我犯了什麼大逆不道的罪一樣。

「妳不可以那樣做！」母親更加生氣的說。

她不聽我的解釋，也沒問我為什麼會做出這個決定，只是充滿憤怒。音量越來越高，斥責的話沒間斷。母親希望我去彌補，當這件事情從沒發生過。直到我對著母親說，如果她不停止發脾氣，也不聽我說的話，那我也不再當她女兒，母親才停止。她總算沒那樣生氣了，但依然重複著勸說的話：

「妳那樣不行，對親家實在太抱歉……。該怎麼辦呢？我實在沒臉見親家和女婿了。」

我向母親傳達我把信交給公婆後，他們對我說的話，希望她不用擔心，沒想到反而讓她更感到過意不去。

「為什麼媽媽要覺得抱歉呢？我公婆可以理解，還希望我能過得自在幸福，為什麼妳卻要我繼續忍耐和犧牲呢？」

「即使是那樣，他們對妳那麼好，妳怎麼能做出那些事？」

母親直到最後，還是希望可以說服我回心轉意。

「妳不可以那樣做啊！怎麼辦呢……？」

母親好像面臨世界上最難堪的事情似的，最後實在不知該如何解決的母親跟我說：「妳不去婆家的話，那也不要回娘家了。我沒臉見女婿。」
我只說知道了，就這樣掛了電話。

關於這件事情，不只是母親無法諒解。
我的先生把媳婦辭職信的事告訴了他的朋友。那位朋友偷偷勸先生：「你呀，乾脆離婚。」理由是，絕對不能跟對公婆做出這種事的女人一起生活。
甚至跟我一樣同為長媳，長久以來和我關係極為親密，是最能夠理解我處境的一位年長女性朋友聽到後，也是對我氣憤的說：「有誰是自己想當媳婦才當的嗎？」
好像全世界都在反對媳婦辭職這件事。即使如此，我也不後悔。我當了二十三年的媳婦，雖不敢說自己做得很好，但能做的全做了，我沒有虧欠誰。當了二十五年媽媽的乖女兒，再當了二十三年的媳婦、媽媽、妻子。剩餘的人生，我要為自己而活。

怎麼會醒來就到了急診室

婚後的夫家就如字面上的意思，真的是「先生的家」。夫家雖然位在市區，但是先生的家族從很久以前開始就住在這裡。所以只要走出家門，很容易就可以在路上遇到分不清楚輩分的親戚。週末，叔公、姑婆等親戚經常會來公婆家見先生的祖父母。

婚後兩個月的某天是祖母生日。十二月凌晨五點，外頭還漆黑一片，公公把大門外和玄關的燈全打開。凌晨六點左右，天慢慢亮起來後，住在同一個社區的親戚、鄰居家的爺爺、奶奶、叔叔、阿姨們開始陸續來訪。這是我生來第一次見到的奇特景象，在家裡請客設宴竟然從凌晨就開始，我十分訝異。一、二樓的客廳和每個房間都擺滿了早餐。客人們吃完早餐後，我們就要馬上準備年糕、水果和零食。緊接著，又要準備午餐。

祖父母的生日是家族中最大的活動。因此，從一週前就要開始準備。從淩晨開始，馬不停蹄的準備餐點，已經夠讓人疲累了。除此之外，每當有客人到時，因為我是新媳婦又會被叫過去打招呼，向我介紹這是住在哪個地方的親戚。等我打完招呼後，又有不知道是誰的新客人來。接著，我還要去廚房幫忙準備食物，一樓和二樓又不時傳來需要更多下酒菜的聲音。客人們用完早餐，通常會繼續留下來再吃午餐，到了晚上，又會有其他親戚來訪。

我一直招待客人用餐直到深夜，自己卻沒有好好吃過一餐。過了用餐時間，自己去角落坐下吃飯也很奇怪，中間有空閒的時候，我只想回房間讓忙碌了一整天的雙腳好好休息一下。就這樣，持續了兩三天，我一餐正餐都也沒好好吃過，但誰也不知道這位剛結婚的新媳婦因為一直忙著做事情，連飯也沒吃。大家都在忙著招待客人，我也是第一次遇到這樣大的活動，忙得昏頭轉向。就在某天的晚餐過後，又要起身準備其他餐點時，我突然昏倒了。我也不知道自己怎麼到了醫院，一醒來就在急診室裡了。

在夫家存在著看不到的順序，男人和女人的順序更為明顯。當大家都聚在一起的時候，男人聲音很大，基本上聽不到女人的聲音。當然姑婆們例外，她們大聲說話或大笑沒有關係，但如果是大姑們就不行，公公會出聲責備。理由是女人的聲音不可以傳出牆外。

家裡有事情或是有活動的時候，只有公公、姑婆和叔公們能出意見。婆婆和嬸婆是不能參與的。婆婆和我只能準備茶和點心，等他們討論結束後，公公才會把討論內容告訴婆婆，然後交待要做什麼。

用餐也是有順序的。祖父母和公公先吃，接著是叔公和姑父等男人，再接下來是長男和姑婆、姪子們用餐。媳婦們和女兒必須先幫男人們準備好足夠的酒和菜，並被差遣好幾回之後，才能跟婆婆坐下來吃飯。這時候，我也可以坐在角落吃飯。但排在最後順位的我，只要男人們需要酒或其他東西時，就必須起身準備。這樣來來回回幾次之後，即使再次坐在餐桌前，飯菜也已經冷了，我也沒有胃口吃了。這時候，先吃的人也差不多用完餐了，而還沒好好吃飯的我，也就必須先去為他們準備水果或點心。

公公是長男，下面有四位叔公和四位姑婆。婆婆當年結婚的時候，公公最小的弟弟才兩歲。可以說公婆是把小叔公當成自己的小孩來照顧。公公的弟妹們跟一般家族不太一樣。他們大多數住在附近，隨時都會聚在一起。親戚們一聚在一起，通常會在家裡住個兩三天。如果遇到年節或生日，還會再多住上幾天。當大家聚在客廳吃飯喝酒，或是玩各種遊戲的時候，身為媳婦的婆婆和我就必須在廚房和客廳裡來回忙個不停。親戚們來到家中時，小叔通常待在二樓自己的房間內，大姑在廚房幫忙。我的先生因為是長男，需要跟長輩們待在客廳。我的小孩跟大姑的小孩會自己找個房間默默玩耍。

結婚八年後，我總算跟公婆分開住了。當時先生極為反對，最後我跟他約定，每個星期五到星期日都會回公婆家，他才同意。搬出去後，我每週都遵守這個約定。每到星期五，小孩從幼稚園回家之後，我就會帶著他們回去，直到星期日吃完晚餐後才離開。大兒子上國小之後，改成星期六再去公婆家，慢慢的變成只有星期日才會過去。但每週都一定要去公婆家，讓我感到厭煩。

去公婆家做的事情跟之前並沒有差異。週末就像住在一起的時候一樣，在自己熟悉的廚房內準備食物。其他時間則是在客廳陪公婆看電視，度過無聊的時間。然後，吃完晚餐之後，就回到自己的家。當然跟之前住在一起相比，還有一個可以回去的家。正因為還有一個獨立的空間，我才有力氣可以忍受在公婆家度過的時刻。但這種力氣也慢慢在消失，反之逐漸累積起來的是，每個週末都要去公婆家的負擔。就像上班族會有「星期一症候群」一樣，我得到的是週末就想逃避的「週末病」。

去公婆家不是我決定的，而是「一定要做」的義務，因此我才會這麼痛苦。但公婆對我很好，我實在無法對他們表露心思。再加上，婆婆每次都會準備大包小包的東西讓我帶回去，我因為無法拒絕總得收下來。先生則跟我不同，他的生活自由自在，經常因為星期日要運動或聚餐而沒有去公婆家。先生不去的時候，我一想到公婆可能會想見孫子，就不得不自己帶小孩去。慢慢的，我也會找些藉口或其他事情而不去。只要跟公婆說無法去之後，那個週末就好像是我的假日。但一到下週的週末，就會產生不得不趕快過去的壓力。

在公婆家，媳婦的日子充滿著壓力和無趣。這個角色太過沉重，是我想離婚的第一個理由。因為只有離婚，才能擺脫媳婦這個角色。當我終於交出辭職信之後，我想我終於可以跟夫家所有親戚都斷絕關係了。不，應該說我再也不想去公婆家了。

我不想再跟你生活，只能到此為止了

在寫媳婦辭職信前的一年五個月左右，也就是二〇一二年五月二十二日。我跟先生提出了離婚的要求。為什麼我可以這樣清楚記得這個日期，是因為前一天正好是兒子去當兵的日子。考慮到兒子因為要當兵，心情不太好，我才把這件事延後到兒子入伍之後才說。為了送兒子入伍，我們全家人一起出門，送他到晉州的空軍教育司令部。當時我內心想的都是，隔天要跟先生提離婚。

舉辦入伍儀式的五月份，天氣風和日麗，陽光還有些刺眼。入伍儀式的最後階段是安排軍人歌手金光石為送兒子們入伍的父母演唱「二等兵的書信」。為了不讓兒子看到我忍不住流下的眼淚，我趕緊戴上太陽眼鏡。

在回家的路上，我在車內還是無法停止流淚。並非因為想念兒子，而是因為想到離婚之後，家就要破碎了，百感交集。不知緣由的先生看到我哭個不停，覺得很驚訝。我望著車窗外的風景，彷彿看到我過往人生如跑馬燈似的轉瞬而過。一路上，我的眼淚流不停。即便這麼難過，我卻更加堅定，隔天一定要向先生提出離婚。

第二天，就跟平常一樣，我和下了班的先生一起吃晚餐。我就像聊著輕鬆話題似的平靜的提出離婚。

「我不想再跟你生活，我們好像只能到此為止了。」

我可以這樣平靜的跟先生說出這句話，其實花了好幾年的時間。這句讓我害怕得發抖的話，在說出口之後，心反而平靜下來了。我臉上帶著微笑，並非悲壯的心情，而是舒坦爽快的感受。

跟我的笑容不同，先生就像被鐵鎚敲到似的，整個人愣住了。臉色瞬間變得晦暗、沉重。先生從我的態度和眼神中看出，我是鐵了心下的決定，於是什麼話也說不出來。就這樣，沉默了好一陣子。等先生回神之後，說了幾句要彼此好好想清楚之類的話，但我不管聽到什麼，內心都沒有動搖。

從那天之後，先生開始努力想說服我：

「妳要怎樣活下去呢，妳以為女人一個人生活非常容易嗎」、「這世界這麼險惡，為什麼要一個人生活」、「妳真的太不懂人情世故了」等等。

就這樣過了一週。某一天，先生喝醉酒後開始威脅我。他說他苦惱了一週，並用沉重的表情對我說：

「我要去自殺！」

「你為什麼要死？」

「這個家，好像只要我不在就可以了。」

「你不會死的！」我大聲的回答：「人不可能那樣容易去死。」

「妳怎麼知道？我就是要去死……。我不要離婚，如果妳堅持要離婚，那我除了去死，還能怎麼做？」

「你絕對不會死。你知道為什麼嗎？因為如果你真的要去死，根本不會跟我說。再說了，就算你死了也跟我沒有關係。」我又接著強調，「因為離婚就要去死，根本不像話。如果你真的因為這樣就想去死，那我更加無法跟你一起生活。」

先生不論是威脅還是勸說都無法改變我的心意。他發現不論怎樣說都無法改變我的想法後，就像留下遺言似的站起來說要去死。

「謝謝妳當我的妻子。跟孩子們好好活下去……，跟孩子們說爸爸對不起他們……。」

先生站起來後，又說了一句話：

「妳好好活下去。」

或許先生是希望我能拉住他，站起來之後停留了一下，但我並沒有這麼做。那時候已經是凌晨一點多了，先生走出家門後，我的心砰砰跳個不停，不知道該怎辦才好。「他該不會真的出事吧」、「我是不是該把他找回來」……。

各種想法纏繞在腦中，我很擔心也很不安。但心情稍微平靜後，我相信面對這件事，先生雖然痛苦，但不至於會去死。果不其然，凌晨五點左右，他因為醉得不醒人事，被朋友帶回來。

又過了幾天。先生說有話要跟我說，於是我們一起吃晚餐。他還特意買了我喜歡的烤鰻魚，看我吃得很開心，還說以後可以常常買給我吃。接著，他說過去沒有好好待我真的很抱歉，希望我可以給他機會。他要變成全新的先生好好待我。他當然知道光說沒用，必須要有實際行動。

於是，我提出的條件是，首先「馬上跟公婆分開住」。當時我們和公婆住在同一幢樓，公婆家在樓上，這對我來說跟住在一起一樣。如果不想離婚的話，那麼就先搬家，我要住在屬於自己的家。第二件要做的事情等搬到新家之後再說。

先生顯得極為痛苦。要他搬離公婆家，就好像是叫他去犯罪似的。這件事，讓他覺得自己對不起父母，但如果繼續這樣住下去，那就只得離婚。因此他一定要有所選擇。

最後，先生同意搬家，但還是因為各種理由拖延了許久。

先生說如果突然跟公婆說要搬家，他不知道該用什麼理由解釋。他希望在沒有傷害到公婆的情況下搬出去。當時，我只要可以搬離那個地方，不論被大家怎樣看都無所謂，一心只想著快點搬出去。因此，我跟先生提議，就跟公婆說我得了憂鬱症，如果能每天爬山，對於治療憂鬱症是很好的方法，所以必須搬到離山比較近的地方。正好那時候公公朋友的媳婦得了嚴重的憂鬱症，周圍也曾聽說有人因憂鬱症而痛苦。於是，公婆對我們要搬家的事情沒有多說什麼就答應了。

我們終於搬家了。搬到新家之後，我跟先生提出第二項要求。為了讓身為夫妻的我們可以好好生活下去，我要求先生要接受以下三個提案。

三個提案

一、好好聽妻子說話

不管是難過的、痛苦的、辛苦的、受傷的所有事，先生都要好好聽妻子說。聽的時候，不用辯解、不用指示也不能指責，不可以說：「我知道了，不要再說了。」只要專心聽妻子把話說完就可以。

二、不要覺得妻子該扮演什麼角色，妻子也是人。

・媳婦、媽媽、妻子、主婦所有角色，我只會在我想做的時候做，也只會做到我想做的程度。

・就像先生對娘家沒有義務一樣，媳婦對婆家也沒有義務。

・尊重彼此的私生活

就像先生可以自由參加足球或高爾夫等各種活動或聚會一樣，妻子也可自由的學習和旅行，參加各種活動。妻子不會干涉先生的行為或碎念，而先生對妻子的行為也不能干涉或抱怨。

三、接受夫妻諮商

為期至少一年，一週一次，夫妻兩人一起參加諮商。這個必須是優先要遵守的事情。

因為作為平等的夫妻，彼此之間有什麼問題，又要如何理解彼此才能建立好關係，這些都需要客觀的第三者幫忙。

先生＿＿＿＿＿＿對於以上內容未來兩年都要誠心誠意執行。如果有其中一項沒有確實執行，那就必須同意跟妻子離婚。

離婚的時候，房子必須無條件給妻子。

二〇一二年九月十日

先生：＿＿＿＿＿＿

妻子：＿＿＿＿＿＿

先生對以上的提案全部接受，也付出了實際行動。

這個監獄，怎麼這樣難走出去

下面的兩個事件，是讓我下決心離婚的關鍵。第一件事是發生在兒子要去當兵之前。我從先生口中得知，親戚們（公公的弟妹們）要在聚會時給即將去當兵的長孫紅包。先生要求我跟兒子一起過去。即便我表明不想參加，先生還是一再要求我。最後沒辦法，我只好說我已經有約了。先生說：「我也有其他事情，還不是取消了。不要這樣，我們一起去吧！」最後，我只能同意。

當夫家親戚們在外面聚餐時，因為我們夫妻是長男和長媳，所以必須留到最後，等聚會結束後送公婆回家。我因為不能喝酒，跟長輩們也沒什麼話題可聊，每次都像代理司機似的坐在角落等待結束。小叔夫妻的家比較遠，而且孩子也比較小，總是先離開。大姑家跟我的一對兒女也是想離開的時候就走。先生得留到最後，而我要幫忙開車，所以對我來說，根本沒有選擇的餘地。因此，我很討厭夫家的聚餐。因為我是「長媳」，所以必須參加。即使聚餐時間很長，也無法先離開。夫家親戚的聚餐又不是什麼正式活動，我實在不想參加。

「為什麼我一定要參加？你去不就可以了嗎？」

「因為是家族活動，所以夫妻要一起去。」

「我何時沒參加過家族活動了？但現在就連普通的聚餐也要去，我真的不想參加。」

「妳以為大家都是想去才去的嗎？」

「那你也不要去不就行了？」

「大家是因為兒子才聚在一起的，我們夫妻不去像話嗎？」

「他又不是小孩了，讓他自己去會怎樣嗎？而且爺爺奶奶也會去。」

「再怎樣說，大家都因為孩子才聚在一起的⋯⋯。」

「我沒有非去不可的理由，我不去！」

因為我堅持不去，先生提高聲音對我大喊：

「因為妳是媳婦，所以一定要去。」

先生的話就像磚頭一樣飛過來，狠狠敲到我頭上。

「啊，因為是媳婦⋯⋯。」

因為是媳婦，所以我才沒有選擇權嗎？在夫家，我到底算什麼？所謂的媳婦，所謂的妻子又是什麼存在呢？對於女人來說，結婚是什麼？我為什麼跟先生一起生活？我開始認真思考這些問題。

第二個事件跟搬家有關。

當時我們住在公婆家樓下。會跟公婆住在上下樓，是我的過失。結婚後，我花了八年時間才搬離公婆家。而八年後，我們又再次搬回來[1]。

那時候兒子正好國小畢業。當時住的地方離要上的國中很遠，兒子上下學很不方便。於是需要搬到離學校比較近的地方。那時候，我們每天都去看房子。當時的房價是睡一覺起來就馬上漲二十到五十萬的時期。找了一週之後，我們發現根本不可能住在學校附近。即使賣掉當時住的房子，要買到學校周遭的房子，資金還是遠遠不夠。

當時公婆剛入住的公寓離兒子的學校也不遠。而且剛好樓下還有一戶尚未賣出。問了房價，可以用先生的退休金以全租房[2]租下。由於我不想再搬到公婆家附近，因此那個地方一開始就被我排除在外，可是，當前又沒有其他可選擇的地方。

那裡的房子，當初公婆剛搬過去的時候，我就很喜歡。房間很大也很堅固，不只是學校，離市場和捷運也很近。孩子們每次去公婆家，都會說想住在這樣的房子裡。這裡比之前住的房子又多了一個房間，一共有四間房。小女兒總是抱怨，自己因為年紀最小使用的房間也最小。如果搬來這裡的話，女兒就可以用大一點的房間，而最小的房間我可以自己用。一想到不用再把廚房的餐桌當成我的書桌，就什麼都無所謂了。這裡是我夢想的空間，對我來說實在是很大的誘惑。

只是當時公婆就住在樓上這一點讓我很介意。不過，雖然是同一棟公寓，但樓層不同，應該不會有什麼問題吧！我就這樣說服了自己。

1 作者主要事件時間軸

一九八八年：遇到先生，談戀愛。

一九八九年：結婚。

一九九七年：結婚八年後，第一次成功從公婆家搬出來，但必須每個週末帶小孩去公婆家。

二〇〇五年：跟公婆分開住了八年之後，為了兒子上學方便，搬到公婆家樓下的公寓。

二〇一二年五月二十二日：跟先生提出離婚要求。

二〇一二年：從公婆家樓下的公寓搬出來。

二〇一三年中秋節前兩天：跟公婆提出媳婦辭職信。

2 全租是韓國獨特租房子方式。必須一次付給房東一大筆錢，金額約房子總價的百分之五十到七十，之後在合約期間都不用繳房租，只需自理水電瓦斯管理費等。期滿後，房東需要把這筆金額全數退還。

第一次搬離公婆家的時候，先生身為長男，對於無法跟公婆同住一直懷著罪惡感。因此，好幾次跟我提到，將來公婆年齡更大時，一定要再搬回去。我表面上雖然反對，但心裡可能也默默接受了。萬一真的不得不再跟公婆同住，我不想住在同一個屋簷下，住在附近就好。還有，已經分開住八年多了，我也以為自己已經不再是那個事事順從的媳婦。沒想到，一搬到公婆家樓下，就發現跟之前同住時沒有任何差異。

我萬萬沒想到，即便隔了一層樓，也有那麼多問題。要搬進去的時候，大家很歡迎，條件也很合理。等到想搬出來時，這一切都成為了阻礙。因為搬離開是我決定的，我就像是拿磚頭砸自己的腳一樣。

搬到公婆家樓下之後，不只是身為媳婦的壓力再度襲來，許多看不到的問題也慢慢浮現。因為家族對於公婆的依賴度依然非常深。

婚後跟公婆住在一起的時期，對於先生來說，做家事好像是另一個星球的事。家事主要由我跟婆婆做，大姑偶爾會幫忙，但先生從來沒有洗過碗，也沒拖過地。新婚時期，我好幾次試著請先生做點家事。可是每當我要求先生去做什麼時，婆婆都可以拉開他說：

「你走開，別來這裡妨礙我。」

有一天，先生對我說：

「我結婚前從來沒做過家事。現在結婚了，突然說要幫太太做，媽媽可能會捨不得。還有讓親戚看到了，也會被笑話。所以，再看看情況吧！我會想辦法開始慢慢做的。」

但慢慢的，先生連假裝也不願意了。家裡需要男人做的事，全都由公公做。從孩子生病去醫院看病到市場買菜，所有事情都是公公幫忙。

即使後來搬家了，先生依然覺得家事跟自己無關。就連換電燈泡這種事情，等他換都不知道要等到何時，很多時候，我就自己做了。再次搬到公婆家樓下，沒想到習慣跟之前沒兩樣。公公會隨時到我家來。電燈、水管、馬桶等發生故障時，甚至門有點歪了，都是公公幫忙處理。

處於青春期的孩子們跟我產生矛盾時，樓上的奶奶家是可以找到擋箭牌和得到安慰的地方。奶奶也是能瞞著媽媽得到零用錢的提款機。家裡沒有吃的時候，孩子們也會直接上樓。直到過了好幾天，身為媽媽的我去叫人才肯下來。

「對孩子要寬容點，他們才不會變壞，才會正常長大」、「因為青春期，需要特別注意」、「孩子們正在長高，讀書也很辛苦，要讓他們好好吃」等。

跟之前住在一起一樣，對於孩子們來說，他們有四位爸媽。

我一直認為，組成一個新家庭後，家庭的成員要健全的發展，就必須要從原生家庭獨立出來。可是，先生因為住在公婆家樓下，認為自己背負長男的責任，根本不想再搬家。

就在兒子要去當兵之前，我小心翼翼的跟先生說：

「當初會搬到這裡是因為孩子就讀學校的關係。現在孩子們也高中畢業了，沒有繼續住在這裡的必要。不如我們搬去比較安靜的社區吧！」

沒想到我的話才剛說完，先生就大聲斥喝我：

「搬到這裡之後，身為媳婦妳有做過什麼嗎？」

先生根本不想聽任何關於搬家的想法。只想跟我吵媳婦這個角色，我是否有盡到責任。先生的態度讓我明白，搬家這件事情不是通過爭吵可以解決的。

「啊！想從這裡走出去真不容易。」

看來，我只有一個選擇了。

我和兒女的獨立練習

我跟公婆提交了辭職信，也跟先生提了離婚。背在我肩膀的重擔一個個被卸了下來。接下來，自然把眼光望向兒子和女兒。兒子和女兒大學最後一年的上學期剛結束，下學期即將同時畢業。我想在最後一個學期開學前，先幫孩子們做好心理建設。

「等你們畢業之後，就要離開這個家獨立生活。你們各自去找自己想要住的房子。我會幫你們準備押金和六個月的房租，至於生活費要想辦法自己賺。也就是說從現在開始到你們能獨立生活之前，有六個月的時間可以練習。」

兒子因為早就想搬出去住了，因此非常感謝我能提供他押金和房租，於是欣然接受了。但女兒聽到我要她搬出去，可能衝擊太大，整個不知所措。女兒經常說，世界上最舒適的地方就是自己的家了。要離開爸媽自己獨自生活這種事情，對她來說完全是無法想像的事。

「媽媽妳不當爺爺奶奶的媳婦，還跟爸爸提離婚，接下來換我們了吧！」

女兒深深嘆了口氣後，接著繼續說：

「媽媽，拜託，至少等到我們找到工作後嘛！」

女兒雙肩無力下垂。好像自己是被丟棄的小孩，或沒有父母的孤兒似的。

「媽媽，妳知道嗎？最近原先獨立住在外面，但因為經濟上壓力最後又搬回家裡的人越來越多了。為什麼妳要讓還沒有找到工作的我們搬出去住呢？」

現在的社會光靠打工是很難生存的。女兒知道這點，滿臉的不悅。也許她接著又想到之後不得不一個人面對，感到害怕和憂心而淚眼汪汪。

事實上，我就是為了女兒，才決定讓孩子們獨立生活。我們夫妻在沒有任何準備下就結婚了。也就是說，我們是在還不夠成熟的狀態下結婚的。十幾歲的時候，我以為過了二十歲就是大人了。但到了二十歲，身體長大了，內心還是個孩子。到了二十五歲，以為當了好幾年成年人，卻發現自己跟二十歲時沒什麼差異。

「我何時可以成為內心堅強的成人呢？」

結婚時，我二十五歲，先生二十七歲。婚後，我的人生突然間完全不同。在心裡我還是個軟弱的孩子，不知道該如何面對婚後展開的新人生。即使生了小孩、當了媽媽，還是沒有變化。我從來沒有感覺到自己是大人，對於所有的一切感到害怕。我總是依賴著公婆和先生，等到我知道不可以如此依賴時，已經經歷了漫長的歲月。

結婚不是幻想，而是真實的生活。如果抱持夢幻，那婚後的生活會走錯很多路。而且，婚前可以摘下星星給妳的那個值得信賴的男人，在結婚後也會瞬間變成另一個人。女人即便感到再慌亂、背叛和絕望，也不可能回到過去的人生了。

如果我和先生在婚前，有試著練習成為成人的話，一年，不，即使只有半年，那我們的婚姻生活或許就會有所不同。至少從依賴的孩子狀態中走出來。我希望我的兒女不要再走上我們的後路。跟著得過且過的爸媽一起生活，時間到了就結婚的話，女兒就會像媽媽，兒子則像爸爸那樣生活。因此，才需要成為大人的練習。那個時間就訂在大學畢業的時候。作為父母，把孩子培養且照顧到大學畢業，此時他們的身心應該已經做好練習的準備了。從現在起，他們需要透過一個人生活，歷練各種事情，成為大人。

剛生完老二，我就發現先生外遇了。遭受到背叛的感覺，彷彿天都快要塌下來了，我茫然的離開了家。可是又不知道去哪裡，就先在旅館住了一晚。因為從來沒有一個人在外面過夜，即使門已經再三確認鎖好，我還是感到極為不安，根本無法入睡。結果三天後，我就跟著先生回家了。因為當時不管再怎樣想，我對於一個人生活還是感到無比恐懼。之後，面對先生不恰當的行為、父權主義的態度、不平等的對待等，我即使覺得應該生氣，也通通忍下來了。

我的婚姻生活如此痛苦的第一個原因是，我太軟弱了。雖然結了婚，依然像個孩子需要依賴別人，又太過無知根本不知道什麼是錯的，更不知道面臨問題時要如何去解決。還沒有成為大人的狀態就步入婚姻的我，連有什麼問題都不清楚，當然也無法擺脫痛苦。這個並非是我一個人痛苦就可以解決的事情，這會成為我們家所有人的問題。

我親愛的女兒，我不能讓妳再重覆一次媽媽的痛苦。當妳和所愛的男人結婚時，一定認為自己會跟媽媽過得不一樣，但要怎麼樣才能不一樣？就像妳依靠且信賴著爸媽那樣，妳也相信妳愛著的那位男人可以成為自己的支柱。媽媽也曾經那樣相信著，我以為我跟自己的母親會過著不一樣的人生。因為我是那樣愛我的先生，只要先生站在我身邊，世界上任何的困難都不是問題。

但如果痛苦是來自妳最信賴的先生時，該怎麼辦呢？即便是戀愛結婚，戀愛中的男人跟結婚的男人是不一樣的。住在同一個屋簷下，因為立場的不同，自然會產生問題。如果妳一味相信和依賴先生的話，只會讓那些問題更加難解決，而妳也會更加痛苦。

女兒，當婚後夫妻間產生問題時，如果妳像媽媽這樣軟弱又太過依賴先生的話，那麼當先生對妳做出不對的行為或不平等的對待時，妳便無法堂堂正正的反抗，更無法表達憤怒。長久下來，妳就會像待在痛苦的隧道般，難以走出來。我希望妳不管遇到什麼情況，都可以不用依靠任何人，自己就可以承擔和解決。因此，成為有力量的成人是非常重要的。

一般來說，「窮養兒，富養女」，我們通常都會讓女兒盡可能少吃點苦。我的先生在孩子們還小的時候，兒子有什麼事都得自己完成，女兒則不一樣。只要女兒喊累，先生就會又抱又背，甚至替她完成該做的事。現在女兒已經二十歲了，還是想當個孩子。因為只要選擇當個孩子，什麼都不用做，也不用負責。「我不會做」、「我不要做」……。女兒總是用這種方式逃避家事或是自己的責任。

並不是時間到了，就會成為大人。「妳現在是大人了。」這句話也不是多聽幾次就會真的變成大人。要成為一個成熟的人，必須先意識到自己已經成年，還要去感受「成人的力量」。這個力量必須靠自己解決問題，通過自身的體驗才能獲得。光用想的是不可能了解的。

我一直在思考著到底要怎樣做，才能讓女兒有個成人儀式。於是，在女兒二十二歲的時候，我鼓勵她一個人去背包旅行。女兒思考許久之後，總算答應了。但一到了遙遠的國外，她對於旅行的幻想立刻破滅。跟家人分開，一個人在陌生的國度生活，讓女兒感到害怕。她一整週都哭著在街頭上徘徊，覺得旅行根本就是在受苦，一心只想著回家。這時候，我兒子，也是她的哥哥跟她通了電話。

「不論什麼時候，妳想回來的時候都可以回來。即使是明天，妳也可以馬上回來。因此，今天妳先在那裡舒舒服服的度過吧！」因為聽了哥哥說，不論何時都可以回來的話，女兒總算放下了擔憂，獨自度過四十天的漫長旅途，也從中得到了力量。一個人面對恐懼，才能慢慢學會勇氣。之後，女兒總算體驗到旅行的快樂，每天都過得非常精彩，感受到活著的樂趣。就這樣，女兒完成了四十天的旅行。一個人在國外獨立面對各種狀況後，女兒真的成長了。過去沒有發揮出來的力量和潛能都被引導出來。

不過，我沒想到的是，獨自旅行四十天後回來的女兒，不到一個月就又變回原來的樣子，因為她又回到了有爸媽的家。女兒在外面的時候，具有成人的成熟外表，但在家裡，只想做爸媽的孩子。曾經得到過的力量和潛能只要在家裡，就像海市蜃樓那樣快速消失了。男人去當兵後，看起來會像是什麼都做得到男子漢，但一退伍回到家，不到一個月也立刻變成兒子的模樣。女兒通過旅行變成了大人，回到家就再次退化成爸媽的孩子。看來只有完全脫離爸媽，才能成為真正的大人。

美洲印第安的原住民有一個成年儀式。小孩滿十五歲之後，就要離開媽媽去森林裡生活。一個人在森林裡，要自己找食物，更可怕的是得在裡頭過夜。伸手不見五指的深夜，耳邊一直傳來野獸的聲音，在這樣的環境下要安然度過一晚是極為艱難的。在規定的時間內完成任務的少年，才算過通過成人儀式，也才能算是成人。從此以後，他不能再去見母親，要自己一人獨自生活。

澳洲原住民孩子長大之後，就會被高大的男人帶走。即使躲在媽媽身後，也會被強行拉走。而且從此以後，媽媽不再是小孩的監護人，小孩也不能再回到媽媽身邊。被帶走的孩子必須接受割禮或在身體上留下傷痕的儀式。通過這樣的磨難表示小孩的身體已經不在，完成儀式後，就會變成成人的身體，不可以再當小孩了。原住民通過這樣的儀式，讓成為成人這件事情在心中留下深刻的印記。這是非常重要的事。

神話學者約瑟夫・坎伯（Joseph Campbell）表示，原住民的成人儀式跟原住民成為獵人的訓練是相關聯的。少年除了學習打獵外，還要學習尊重野獸，透過危險的打獵任務，他們不再是膽小且總是依賴別人的少年，而是去學習成為具備勇氣的成人。想要成為成人必須通過這些考驗，在心理學上是非常重要的儀式。現代孩子的問題在於沒有這種成年儀式。身體是成人，但內心是孩子。許多人都是「有著大人外表的孩子」。因為我們沒有適當的成年儀式，所以即使身體長大變成大人了，我們也無法意識到從某個時間點開始要以一個成熟的大人生活下去。於是在我們生活中就會成為一個問題。「我是誰」這個問題非常重要。不知道自己是小孩或成人所過的生活，跟意識到「我是成人」是截然不同的。

約瑟夫・坎伯在《神話的力量》（*the power of myth*）中提到，成年儀式是少年少女擺脫父母的保護，在現實中自己學習打獵（謀生），並意識到接下來得對自己的人生負責的過程。這也表示他們找到自己的履歷，自己的名字，自己的價值！

我希望兒子和女兒不再是爸媽的兒子和女兒，而是用自己的名字，作為成人累積屬於自己的履歷，活出自己的模樣。

第2章

關於我消失了的人生

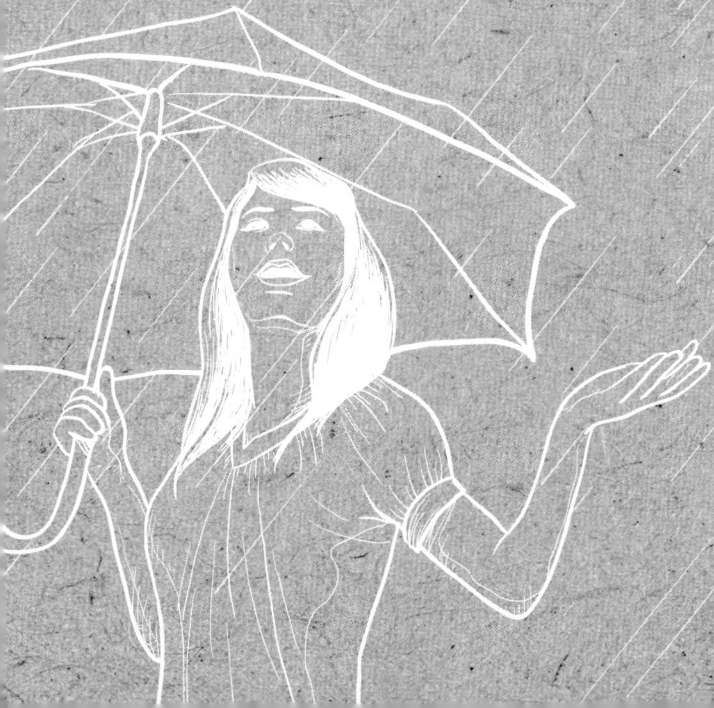

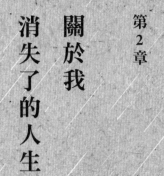

藏我鞋子的人，為何是婆婆？

漫長的課程結束後，我離開教室，卻找不到自己的鞋子，怎麼找都找不到。不管是鞋櫃上面、地板，通通看不到我的鞋子。不知不覺中，大家全都穿上鞋子離開了。比我晚走出教室的人也穿上鞋子走掉了。我明明提早到學校，並把鞋子擺好。那些比我晚到，亂擺鞋子的人卻先穿好鞋子走了。我瘋狂的找著鞋子……。

這時，婆婆不知道從哪裡走出來，手上拿著塑膠袋，「是這個吧？」我看到鞋子的瞬間，眼淚忍不住流了出來。為什麼到現在才拿出來給我？我抱著鞋子，淚流滿面。

這是我因為打算離婚，成功搬離公婆家後不久做的夢。鞋子是能帶我們到任何想去的場所的物品。沒有鞋子，就無法到達自己想去的地方，也代表著無法過想要的生活。遺失鞋子的夢，讓我想到童話故事〈仙女與樵夫〉。樵夫把仙女的飛天衣藏起來後，仙女成為了樵夫的妻子，在兩個孩子長大之前，她是孩子的媽媽、樵夫的太太。本來可以過得愜意的仙女人生，被樵夫搶走了。

遺失鞋子的夢告訴我，在結婚後，我拋棄了自己想要過的生活。在夢裡把我的鞋子藏起來的是婆婆，為什麼不是樵夫（先生），而是婆婆呢？

我一結婚就住在公婆家。蜜月旅行回來後，剛到機場，知道等一下就要回公婆家，腳步就開始變得沉重。彷彿像是被拖著去屠場的牲畜，本能的不想邁出腳步。我不知道為什麼會這樣，只是感到害怕和恐懼。

婆婆是很好的人。跟不溫柔的母親相比，真的待我如親女兒。感受到婆婆對我的關懷和愛護，我除了感謝，也更加想對婆婆好。但是在公婆家生活，總是有著無法表露出來的不方便之處。

每天早上先生去上班之後，婆婆就像在等我似的，開始跟我講述她過去的故事。說著她身為長媳，跟她的公婆和先生的弟妹住在一起，生活有多麼痛苦。我第一次聽到這些如電視劇情節般的事件時，一邊感到憤怒，一邊也和婆婆一起流下了眼淚。然而，之後的每一天我都得聽這些相同情節的事，我開始感到痛苦。可是，身為媳婦的我很難拒絕婆婆。

聽完婆婆的故事後，還有祖母的故事在等著我。當婆婆不在家時，祖母就會找我。因為我是長孫媳，祖母特別疼愛我。於是，她的故事我也得聽。祖母也把過去的生活，從她立場再講一次。

在婆婆的故事裡，婆婆是受傷的人，但在祖母的故事中，婆婆變成了加害者。「妳知道妳婆婆是怎樣的人嗎？」祖母從這句話開始，滿臉怨氣的對我數落婆婆。這些故事怎樣講也講不完。有時，祖母講到被婆婆傷透心的事情時，眼淚還會流個不停。我真的感到混亂了。因為祖母講的內容跟婆婆說的完全不一樣。在她們的故事裡，彼此都是受害者。祖母和婆婆都對我很好，我實在無法忽視其中一人。在她們之間，我也不知道該用什麼立場去面對。如果對其中一人的話表示認同，對另一個人就會產生罪惡感。

故事聽久了，我也就變成了顧問。兩位都希望我可以與她們身同感受，一起流眼淚，當然也得站在她們那一邊。我感覺兩邊都想緊緊抓住我，把我強拉到她們的陣營。

有時候祖母講完一個故事之後，會跟我說：「這件事只有妳知道就好。」婆婆也會叮囑我：「這事情我只跟妳說，妳不要跟妳老公說。」如果我只跟其中一個人相處，另一個人就會問我，對方是不是說了什麼，可是我又沒辦法說，對方什麼也沒說。但當我說了之後，祖母會說：「那件事情不是那樣的。」婆婆會說：「哎呀，妳就當成耳邊風吧！」

我夾在她們中間，真的很想消失。可是我沒有那雙可以擺脫她們，想去哪就去哪的鞋子。這樣的事件，直到祖母過世之後，才總算結束。

祖母在我們搬家之後的幾個月過世了。我還記得，當我要搬離公婆家的時候，祖母拉著我的手說：

「妳就這樣搬走了，就好像砍了我的左手一樣痛啊！」

這句話一直盤據在我心頭，十分沉重。

被時間、場所、角色限制住的人生

在他人眼中，我是「在好公婆家過著優渥生活有福氣的媳婦」。但我卻感到辛苦和鬱悶。就算想出門見朋友或回娘家，也會擔心婆婆不開心而忍耐。因為我也想在和藹且親切的婆婆面前當一個好媳婦。

婆婆認為「既然嫁過來了，即使再討厭，死後也要當這家的鬼。」因此她告訴我，身為媳婦，不要說跟朋友見面，就算是娘家也不要太常回去。

「如果太常回娘家，就會依賴娘家，對這個家也就無法產生感情。娘家的母親知道女兒受苦的話，會每天流淚，甚至會說『如果真的過不下去，不論何時都可以回來』這種話。正因為如此，妳更不要回娘家。既然嫁過來了，就是這個家的人，死後也是這個家的鬼，那就應該斷了娘家的路。」

婆婆說她結婚之後幾十年了，也只回娘家兩三次而已。每次聽到這樣的話，就好像是在暗示我「妳也要如此」。因此，我就更加不敢隨意外出。

童話故事中的灰姑娘在舞會上遇到了王子，但到晚上十二點，她就必須回家。灰姑娘為了不錯過時間，慌張離開時弄丟了一隻鞋。結婚後，我為了當一個好媳婦，也被困在「灰姑娘時間」裡，而遺失了自己的鞋子。

即使外出，只要到了四點，公婆家要準備晚餐的時間，我一定像灰姑娘那樣立刻回家。公婆家離市中心很遠，來回大概需要三個小時。那時候還沒有捷運，因此若有機會跟朋友見面，吃個午餐再喝杯茶，差不多就要馬上回家。

有一次，我稍微晚了，那天實在不想回去。我心想，每次都那樣準時到家，只有今天晚回去應該沒有關係吧！想歸想，但到了灰姑娘時間，我還是不由自主的感到不安，對於還沒回家這件事焦慮起來。我急急忙忙的離開，在晚餐時間回到了家。大門才一打開，就看到婆婆連鞋子都沒穿好就跑了出來。

「妳知不知道我有擔心？為什麼這樣晚才回來？」

婆婆的反應讓我覺得，自己就像是沒報備就在外面過夜的人，感到非常惶恐。再加上婆婆並非嚴厲的責備我，那感覺就更微妙了。婆婆口中的擔心，就像是在告誡我：「下次不可以這樣晚回家了。」從那次之後，我每次外出都會擔心錯過灰姑娘時間。不知從何時開始，我遺失了自己的鞋子，總是穿著廚房的鞋子。

我在公婆家生活時，還不知道自己的內心為什麼這麼痛苦。我認為是跟公婆住才有這種感覺。因為住在公婆家的時候，我需要面對公婆、公婆的公婆，還有很多親戚。在這個大家族中，我的地位和態度等所有事情都很為難。我希望自己快點適應，這樣才能過著舒適且幸福的日子，但始終找不到方法。

娘家媽媽跟我說：「能遇到好公婆是妳的福氣。」所以叫我要孝順。婆婆跟我說：「我也當過媳婦，所以不會把妳當成媳婦，我會把妳當成女兒來看待。」小姑跟我說：「像我媽這樣好的婆婆真的沒處找了，大嫂妳真有福氣。」但我還是不幸福。我不想過著別人口中該怎樣的人生，但我也不知道自己該過怎樣的生活。

我想學習人生所需要的智慧。但要去哪裡學呢？在書中找不到答案，周圍沒有可以學習的人，也沒有人可以教我。我甚至連吐苦水的朋友都沒有。

有信仰的話，人會變得智慧嗎？婚前我去過教堂，但婚後不久，婆婆知道我是天主教徒時，曾對我說：

「我們家是信佛教的。一個家中不可以同時信仰兩個宗教。所以，妳不要再去教堂了。」當時，聽到這樣的話，除了驚恐，我不知道該如何回答，只能說：「我知道了。」就這樣接受了婆婆的要求。

我知道自己無法再去教堂了，但如果一直這樣過下去，我好像真的會瘋掉。不能去教堂，那麼讀聖經應該可以吧！於是我開始抄寫聖經。每天抄寫兩三張後，心靈似乎真的得到安慰，但也同時讓我更加渴望去教堂。好像只有去了那裡，我遇到的所有痛苦，才能得到解答。

於是，我跟先生稍微提了一下，便瞞著婆婆去教堂。可是，只去了第二次就被發現了。當我回到家時，婆婆用憤怒且冰冷的聲音喊住了我。那個聲音聽起來好像我是個十惡不赦的罪人，打破了什麼嚴重禁忌似的，她對著我大吼：「妳怎可以這樣！」接著開始一連串的責罵。我心想，婆婆偶爾會去算命，但從沒去過寺廟，家裡其他人也是。這樣怎麼能算是同一個家裡有兩個宗教呢？為什麼我不能去教堂呢？但我也只在心中想著，不敢說出口。

當時，我感到委屈也很傷心，一句話也說不出來，只是不停的流眼淚。公公和先生在樓下，知道我正受到不公平的對待，但是誰也沒有上樓為我說句話。也許，他們認為這是「女人的問題」而想要逃避吧！當時，我好像獨自身處敵區，感到極度孤單和悲哀。我感覺可以帶我到我想去的地方的鞋子，被婆婆搶走了。我沒有鞋子了，在沉悶的「公婆家」中，我再也沒有自由。

孩子啊，長媳是上天給妳的職責

結局大逆轉的電影通常都會讓人留下深刻印象，《靈異第六感》就是。觀眾們隨著男主角麥爾康醫生的視角，以為他看到的是死去的靈魂。可是當男主角回到家之後，才發現原來自己早已死亡。他當下受到的衝擊，確確實實的傳到了正看著電影的我身上。即便離開電影院，那份衝擊感依然留在心中。

我的夢境也會如此逆轉。在夢裡，把我的鞋子藏起來的人是婆婆。當時，我夾在祖母和婆婆中間而感到痛苦，再加上灰姑娘的時間以及無法隨心所欲信仰宗教等。在這樣的公婆家，我無法擁有自由，更加不可能過自己想要的人生。但是，讓我如此辛苦的不是婆婆，而是我自己。

在夢中出現的人物跟現實並不一定是一致的。格式塔心理學提到，「在夢中出現的所有要素都是自己內心的一部分。」弗里茨・皮爾斯（Fritz Perls）也說過：「你夢中所有的一切都是你自身的一部分。也就是說，是為了讓你看到自己性格的某些面向。[1]」除了夢中出現的要素，在夢中登場的人物，也是為了讓我們看到自己的某些層面。

在夢中出現的婆婆並非現實中的婆婆。那是跟婆婆長期生活後，不知不覺中在我內在形成的婆婆的樣子。

「孩子啊，長媳是上天給妳的職責」、「就是因為罪孽太重才會投胎成女人。所以（得要忍耐和犧牲）我們是要來贖罪的」、「妳嫁到這個家，死後也是這個家的鬼」等等。

這些都是婆婆常常跟我說的話。每次聽到這些話，我的內心就會極度抗

1　出自埃里克・艾克羅伊德（Eric Ackroyd）《夢象徵字典》（*A dictionary of Dream Symbol*）

拒。「我才不這樣認為，我也絕對不會那樣活著。」強烈的否定也就是強烈的肯定。為了絕對不那樣活著，我不只沒有從婆婆身上學到真正的智慧，反而不知不覺的把婆婆陳舊的觀念銘記在心。

其實，這些話對婆婆來說，是她生命中遇到艱難時，讓自己支撐下去的信念。當現實生活如波濤巨浪襲來，這些信念支撐著她活下去。婆婆希望同樣身為媳婦的我，將來在面對巨浪時，可以不被沖垮，堅強的生活。因此，才會把這些信念慎重的傳達給我。或許，婆婆的婆婆、祖母的婆婆……，在這個世界上的所有媳婦都是抱持著如此想法，才能夠承受人生的一切。

在〈仙女與樵夫〉的童話故事中，仙女被搶走了飛天衣後，和樵夫生了小孩。但當她想到飛天衣時還是會傷心。樵夫動了惻隱之心，拿出飛天衣想讓仙女再穿一次。再次看到飛天衣的仙女心情是如何呢？長久以來總是穿著廚房拖鞋的我，看到婆婆拿著我真正的鞋子走出來的時候，我在夢中抱著那雙鞋子痛哭流涕。

「為什麼……為什麼現在才拿出來？」

沒有人可以使自己痛苦。即使是婆婆也無法。「為什麼現在才拿出來」這句話是我在責怪婆婆，就是因為妳，我才會過得如此痛苦，我把責任轉嫁給了婆婆。但我才是自己人生的負責人，我應該要問自己：

「我為什麼到現在才要去找自己的鞋子呢？」

遺失了鞋子，也就是我遺失了我自己，責任在我身上。因為我沒有好好的守住自己的東西。況且，遺失之後，我並沒盡全力去找尋，這也是我的責任。至少一次也好，我面對自己穿著不適合的鞋子時，應該對自己提出疑問。

仙女因為從來沒有忘記自己是仙女，才能夠再次找回飛天衣。雖然被藏起來了，但是仙女一次也沒有忘記，相信總有一天可以再次拿回來。而我卻忘記自己是誰，自己把象徵自由生活的鞋子藏了起來。然後，我穿上了充滿婆婆老舊觀念的鞋子。把自己當成廚娘的我，每次遭遇的不公平待遇，只會流淚，什麼話也說不出來。因為我認為自己「沒有表達的權利」。不管多鬱悶，只要我把自己定位在「媳婦角色」的話，就只能忍耐而已。

據說在聖地牙哥朝聖之路的終點站，有一個地方擺放許多朝聖者們穿舊了的鞋子。將鞋子放在這裡，除了紀錄自己走完數百公里的艱辛旅行外，也象徵著他們是一步一步踏實的慢慢向前而走到了終點。在穿舊了的鞋子上，紀錄了朝聖者一路上所有事情。

「履歷」這二個字分開來看「履是鞋子，歷是經歷」。也就是紀錄自己穿著鞋子走過的歷史。在婚姻生活中，我無法過自己的人生，所以沒有自己的履歷。因為我無法穿著自己的鞋子。這也是我為何總是夢到自己遺失鞋子，或是要穿鞋子時，而找不到鞋子。我是在孩子們都長大後，才開始瘋狂的找尋自己的鞋子。

「我遺失了什麼呢？」

「為什麼我抱持著跟婆婆相同的陳舊觀念呢？」

「我真正想要擁有的婚姻生活是怎樣呢？」

在婚姻生活中，我通過不停的對自己提出疑問後，開始找尋自己的鞋子。從樵夫手中再次拿到飛天衣的仙女，一穿上就飛回自己原本的家了。從婆婆手中再次拿回鞋子，我總算可以穿上屬於自己的鞋子。我是為了重新紀錄自己的履歷，再次穿上鞋子，從公婆家走了出來。這真的是個漫長且殘酷的課程。

有名無實的婚姻生活

婚後，先生把我放在媳婦的位置後，自己就好像完全退出似的總是不在場。他完全不做家務事。離開娘家來到這裡生活的我，好像獨自被關在名為「公婆家」的巨大島嶼上。公婆家距離娘家很遠，我連一個可以訴苦的對象都沒有。在公婆家，先生本該是唯一能支持我的人……。

我每天盯著時鐘，等待先生下班，以為跟先生訴苦，得到他的安慰後，心中的鬱悶就可以減少。我之所以能熬過一整天，期盼的是先生回來能安撫辛苦的我。之所以能撐過一整週，希望的是假日可以跟先生享受兩人世界。

但是先生在婚後一週，就說為了健康要加入了晨間足球社。於是，我變成了「週日寡婦」。不久之後，先生又說為了學習英文，下班後要去補習班，每天都很晚回來。

先生總是不在我身邊。我們沒有一起外出過，他也從來不曾好好聽我說話。我的期盼和希望完全破滅後，心中只剩下憤怒。

婚前，母親知道先生是大家族的長男，就極力反對我結婚。當時，讓我下定決心還是要結婚的，是先生的一句話：

「有我在，不會有任何問題。不管有什麼困難，我都會承擔！」

當時，這句話讓我覺得先生相當可靠。我就這樣因為相信先生的一句話，跟著他走進了公婆家，等我走出來時，已整整過了二十三年。

先生希望我可以扮演「好妻子、好媳婦」的角色。只要我一跟他說自己內心的痛苦，他就會開始說起自己的工作是多麼辛苦和艱難。

「上班真的很痛苦」、「職場生活好像在打仗」、「我作為一家之主已經這樣犧牲了，為什麼那點小事妳就不能忍耐呢」等等。

這些話，其實是他在為自己能隨心所欲生活，且完全不關心在家裡的我而找的藉口。

「我如果沒有參加足球社，（因為壓力）都不知道會變成怎樣了。」

先生每個星期日都會出門參加足球社活動，他認為那是為了健康一定要做的重要活動。就像瘋狂的信徒般，不管發生什麼事情，都絕對不能不參加。當然，運動之後的聚餐，也很自然的要全程參與。

結婚三週年的紀念日，我們安排了去濟州島兩天一夜旅行。我每天數著日子，等待旅行的到來。那時候兒子還小，還要事先請公婆幫忙帶。我真的非常期待婚後第一次兩個人的旅行。但是我們的旅行時間卻是，星期六凌晨六點從首爾出發，星期日凌晨六點就得搭飛機回來。原因是先生要參加「晨間足球社」。到濟州島旅行只安排兩天一夜時間本來就不夠，而且也不是能常常搭飛機去。於是，我哀求先生這次先不去社團可以嗎，但他居然完全沒考慮就拒絕了我。

先生本來只有在星期日跟足球社員碰面，慢慢的變成連星期六也和他們在一起，一起打撞球，甚至喝酒。每當我對此表示不滿的時候，他總是拿「需要消除累積了一週的工作壓力」來敷衍我。就這樣，我的先生連星期六也被晨間足球社搶走了。慢慢的，星期五下班當他回到家，快速停好車後，就又出門了。我的「週末寡婦」時間，提早到從星期五就開始。即使是平日下班，或是休假日難得在家，他也說為了舒緩上班的疲累，只是躺在沙發上看電視。我雖然有先生，卻過著沒有先生的生活。

每當我表示不滿的時候，先生就會拿工作壓力當藉口，理直氣壯的反覆強調這是沒辦法的事情。於是，先生的週末時間變成我無法碰觸的話題。偶爾會因為我的請求勉強一起去旅行，但對他來說，陪我一起出門已經是給我恩德了，所以從出發到回來，所有的事我得一手包辦。出門前，我要忙著打包行李，又要照顧小孩，若先生已經準備好，就會用質問的眼神看著我，責備我為什麼還沒準備好。

除了晨間足球社搶走了我先生之外，我還有一個長久以來說不出的痛苦。

我跟先生雖然是夫婦，但他不是陪在我身邊，總是待在別人那裡。那是先生在晨間足球社認識的大哥，他們無話不談。從星期五晚上到星期日，先生全都和那位大哥在一起。當時，大哥被公司裁員，很長一段時間都找不到工作。先生經常陪他喝酒，好幾次都喝醉了才回家。他說看到大哥辛苦的樣子自己很心疼，不管怎樣，都希望自己可以成為大哥的力量。不論是誰來看，先生跟那位大哥的關係已經超過朋友間的關懷。甚至連那位大哥的妻子也說，兩個人根本就是沒有睡在一起的夫妻。

有一次，先生喝得爛醉才回到家，對我感嘆的說，他看到大哥辛苦的樣子，心如刀割。說完，竟然在我面前流下了眼淚。被先生冷落的我，此時更顯得倍加淒慘。我看著他，整個心全碎了，眼淚再也止不住。我好想在先生面前死去。

他把心思放在那位大哥身上的時候，是否曾想過被他長期冷落的我。他對那位大哥的關心的十分之一，不，就連百分之一也好，是否曾給過自己的妻子，是否曾為在公婆家一個人流淚的妻子心疼過。

隔天，我對酒醒了的先生說：

「你跟那位大哥比跟我還像夫妻。你要跟我過日子，還是跟那位大哥過，你選一個。我實在再也忍不下去了。」

先生認為我是在無理取鬧而拒絕回應。之後，他跟那位大哥的關係又維繫了好幾年才結束。結束的理由是大哥覺得先生不理解他，因而內心受傷了……。對我來說，這段就像外遇的關係整整維持了十年以上。

每個週末，我都必須一個人過，真的非常痛苦。特別是春天和秋天，每當週末好天氣時，我更是倍感寂寞。而先生依舊自顧自的獨自外出。

某個秋天的週六早晨，看到耀眼的陽光灑滿陽台，我突然感到悲傷。那天先生睡得很晚，吃完早餐後，就說要出門。像這樣美好的天氣，我真的想跟他一起過。並不是特別要做什麼或去哪裡。只是，想跟他在一起而已。於是，我問他今天可不可以不要出去，一起待在家裡好嗎？他一口就回絕我了。

鄰居家的先生會陪小孩玩，會跟家人一起去旅行、看電影、買東西……。這些都是家庭間平凡的生活。可是，為什麼在我們家卻無法擁有那樣的週末日常呢？

我當然也想過，即使沒有先生的陪同，我也可以獨自出門度過寂寞的週末。可是，當時孩子們還很小，我也不方便出門。等孩子們較大了，我就獨自帶著兩個小孩到處爬山。去爬山的時候，我最羨慕看到全家人一起出來，特別是看到爸爸把小孩背在肩上的畫面。我也有先生，小孩也有爸爸，為什麼我們全家人不能一起出來爬山。每次我都會因為這樣而傷心。

有一次，聽到比較親近的鄰居這樣說我：

「我還以為某某媽媽是沒有老公，一個人養小孩的單親媽媽呢！因為每個週末，只看到她一個人帶小孩出門……。」

小孩一下子就長大了，也不想跟媽媽出門了。於是，我就開始一個人去爬山。慢慢的，我也習慣了一個人，不管去哪裡、爬哪座山都覺得很愉快。所以，每個週末我都去爬山。

某個晚秋的日子。楓葉實在太美，我邊賞楓邊慢慢的往山上爬。楓葉一路蔓延到山峰，那天我貪心的整整爬了六七個小時。雖然身體非常累，但是內心卻感到十分滿足和愉快。

讓雙腿稍微休息之後，我慢慢往山下走。爬上來的時候還沒有注意到，下山時才發現身邊全是情侶、夫妻和家庭。走在我前面的是一對中年夫婦，兩個人手牽著手，和睦的邊輕聲聊天邊走下山。當我發現自己正羨慕著他們時，突然意識到自己的孤單。我以為我早已習慣，但此時此刻我的腳步卻越來越沉重，整個人顯得淒涼不堪。午後的一陣涼風突然吹來，眼淚就這樣流了下來。當全身被冷空氣包圍時，似乎連孤寂都沁入了骨髓。我真的非常寂寞。身旁沒有人的空虛感，從皮膚擴展出去的瞬間，眼淚再也止不住。

「為什麼我的先生不在身邊？我的先生在哪裡？」

密密麻麻的落葉掉滿地，每走一步就會發出沙沙的聲音，我的眼淚止不住。我喜歡爬山，我明明已經堅強的一個人爬了很多年的山。但其實我一直在欺騙自己，我不寂寞。我竭盡全力支撐住的大壩，就在那天一下子崩塌了。

就在那個美麗的秋天，我每週的爬山習慣就此停止了。因為我再也不想一個人去爬山了。

拜託，要抽菸去外面抽

大約在十年前，我做了一個發不出聲音的夢。當時的我以為，我是個按照自己想法過著自主生活的人。

先生在陽臺門前抽菸。我非常討厭煙味，為了不讓煙味飄到屋內，我打算叫先生不要再抽了。可是，不管我再怎樣努力想說話，卻發不出聲音。心裡覺得很煩悶，接著就從夢中醒過來了。

在夢中不管我怎樣努力也發不出聲音，最後就像做了噩夢般驚醒過來。有一段時間，我一直感到混亂。之前，我也曾經做過發不出聲音的夢。我曾試著找出那個夢境的意義，但當時的我認為，自己在現實生活中是可以發出聲音的，所以花了很久的時間才瞭解夢的意思。

先生偶爾會這樣跟我說：「妳看看妳周圍，有哪個女人跟妳一樣嗎？」這句話的意思是，「妳是一個想做什麼就可以做，想說什麼就能說的女人。」我當時也以為自己就如同先生所說的，是會找自己想要的事物，懂得享受生活的人。不過這個發不出聲音的夢，讓我重新思考了。

「我明明可以說自己想說的話，為什麼在夢中，我卻發不出聲音呢？」

「發不出聲音代表什麼意義呢？」

首先，我思考了關於菸的意義。雖然所有的夢都是通過象徵和隱喻組成，但我試著先從現實的菸來想想。

「啊，菸！」菸是眼前真正的問題。先生總是在家裡抽菸這件事，已經困擾我許久了，因為我很討厭菸味，但先生在家裡抽菸，導致家裡的菸味總是很難消散，味道擴散到房間每個角落，家人的身上也都有了菸味。甚至，在外面還會被外人問是否有抽菸。我沒有抽菸，但是身上卻總有菸味，實在讓我厭惡至極。

一九八〇年代的社會，抽菸對於男性來說是一種被默許的權利。每個人家中都會有煙灰缸，公司的辦公桌上也會有。長久以來，在室內抽菸並不是個問題。慢慢的，社會氣氛開始改變，在公共場合禁止抽菸，變成一件理所當然的事情。

我也因此有了勇氣，針對抽菸這件事提出自己的看法。沒想到當我第一次提出時，先生大發脾氣，根本無法溝通。

某一年年初，我們開了一個家庭會議。每個人輪流說出各自的新年計劃或想說的話。當時氣氛一片和樂，於是輪到我發言時，我提出了對抽菸的想法。

「我希望從今年開始，你不要在家裡抽菸，如果要抽就到外面去吧！」

我的話才剛說完，沒想到還在讀國小的兒子和女兒立刻滔滔不絕的把對抽菸的不滿全都說出來。這時候，先生突然猛拍桌子，大聲喊道：「我就是要在家裡抽。」說完，就站起來走向臥室。我跟孩子們都被嚇到了，因為完全沒想到氣氛會變成這樣。也因為太過驚恐和害怕，我們忘記了原本想說的話。

我沒想到孩子們長久以來也在忍耐著這件事。也許是身為母親的我什麼話也沒說，只是忍耐，孩子們才不敢說吧！站在先生的立場，他或許會認為我和孩子事先就串通好，所以才如此強烈反彈。我是要理解當時生氣的先生呢？還是要為這個不對的行為爭吵到底？我的腦中一片混亂。

可笑的是，抽菸對於全家人來說百害而無一利，先生居然可以如此理直氣壯的堅持，但因為他生氣了，倍感壓力的我和孩子們卻說不出話。從那天之後，我們再也不提抽菸這個問題了。

透過夢，我才瞭解，原來我對先生在家抽菸這件事無法發聲。當我意識到這件事時，覺得再也不能退讓了。我一定要跟他表明家裡是禁止抽菸的。

先生認為「在家裡可以抽菸」的想法，其實是因為他抱持著這是「父權制的權利」。因此他總是說：「難道我連想在家裡舒服的抽個菸也不行嗎？」他認為在家抽菸是理所當然的事情，那是他堂堂正正的權利。

「在公司想要抽菸時，也是要到外頭。為什麼在家裡的時候，就不能去外面呢？公司是為了員工的健康著想才那樣規定，難道你就不能為家人的健康而做嗎？」

「我領的是公司的薪水，那是沒辦法必須遵守的規定。但在家裡，為什麼我不能隨心所欲？」先生說到最後，又開始辯解，認為我們都無法理解「他身為一家之主，在職場上忍受多大壓力」。

每當先生說自己承受職場壓力時，我完全無法反駁。先生在公司的時候，覺得自己是「乙方」，所以不得不遵守作為「甲方」的公司訂出的規定。但是在家裡，先生就變成了「甲方」，而我是拿著先生的錢來生活的「乙方」。因此，我才會什麼話都不能說。

我再也不能把先生當成「甲方」，再也不能喪失說話的權利。如果把夫妻的關係看成是「甲乙關係」的話，自然很難發出聲音。因為這不是平等和諧的夫妻關係，也不是民主的家庭關係。

因為抽菸這個問題，我跟先生經過長時間令人厭煩的爭吵之後，總算得到了「只在臥室內的廁所抽菸」這個約定。問題是即使關上廁所門，菸味還是會擴散到房間內。先生會辯解「哪有什麼味道？」因為無法證明看不見的菸味，所以無法跟他爭論。於是變成抽菸的當事者堅持沒味道，而我依然因為菸味累積著壓力。後來，我以我也有使用臥房的權利，想要愉快生活為理由，希望先生也不要在臥房廁所抽菸。但先生因為沒有其他地方可以選擇，堅持不退讓。這是在我們家因抽菸引發的戰爭。

最後，我買了可以吸菸味的蠟燭和芳香劑擺在廁所，勉強解決了問題，也讓這場戰爭暫時告一段落。

對我來說外面比家更舒適

赫爾曼・梅爾維爾（Herman Melville）的小說《抄寫員巴托比》（*Bartleby, the Scrivener*）中，巴托比是律師事務所中擔任文書抄寫工作的抄寫員。文書抄寫員除了抄寫文書之外，當事務所有其他瑣事需要幫忙時，也必須一起做。可是巴托比卻拒絕所有瑣事。他總是說：「我不願意。」慢慢的巴托比連抄寫的工作也拒絕了。不論律師如何好心勸說甚至威脅，巴托比依然態度堅決。「我不願意。」他只是一再重複著這句話。其他同事因為分擔他的工作而忙碌時，巴托比只是在辦公室呆呆望著牆壁，什麼也不做。為什麼呢？

做了發不出聲音的夢後，除了抽菸的問題之外，我也開始找尋是否也有其他讓我發不出聲音的問題。我發現先生和孩子們在週末的時候，完完全全可以自由度過屬於自己的時間。如前面我說過的，先生的週日時間是我無法碰觸的，只屬於先生自己一個人的時間。就算是在週六，先生也很自由，想出門時就出去，想在家休息，就無拘無束的躺在沙發上。週末時，先生跟孩子都能睡到自然醒。

當時，就算假日也有很多國中生可以參加的補習課程。可是孩子們一上了國中，立刻表示假日不想補習。不管補習班有多好，只要課程開在週末，他們完全不考慮。並不是因為平日孩子有多用功，他們只是想自由度過週末而已。

我曾問過先生和孩子，你們覺得世界上最舒適的地方在哪裡？他們異口同聲的回答：

「家！」

那我呢？對我來說，最舒適的地方是「家的外面」。只要離開家，不論去哪裡都覺得舒適自在。可是在家裡，即使是週末我依然得做飯。週末，我也想要不做任何家事，自由自在的度過。比起其他家務事，對我來說，即使一天也好，真的好想擺脫「煮飯」的工作。

先生不喜歡一個人吃飯，平日我都會等先生下班後一起吃晚餐。偶爾實在太餓了，忍不住先吃。就會被他責備，說自己在外面工作一整天，而我卻連這點小事情也無法忍耐。所以平常最好什麼都不吃等他回來，或是即使不太餓也要勉強自己和他一起吃。我心想，至少在週末，讓我擺脫「一定要做飯」、「一定要一起吃」的這些義務。

某一天，我對先生說出這些心裡話：

「假日我不想做家事。」

說完，先生突然暴跳起來，

「妳平日也可以過得很自在，為什麼一定要選在週末呢？」

「因為我也想像你跟孩子們那樣，在週末完完全全的放鬆。」

「真不像話，妳是孩子的媽媽……」

「為什麼當媽媽的不能放鬆？」

像這樣沒有結論的爭吵好幾次之後，先生總算像是要讓步似的說：

「好，好吧！妳想休息就休息吧！不過，還是要做飯！」

我萬萬沒想到，讓先生如此強烈反對的理由，居然是因為「做飯」。

「既然我希望自由度過週末，那當然也就不用做飯。」

其實我們週末常常外食，先生也偶爾會出去外面吃，我並非每一餐都需要準備。但是我想要的是「什麼也不做」，就連「今天要做什麼菜呢？」這種事都不用苦惱的日子。

「週末我就是什麼也不想做！」

先生說我太過自私，強烈的反對。這樣吵來吵去，我就心軟了。於是，我開始觀察先生的臉色，有時候做飯，有時候不做。

「我真的很自私嗎？」

這個問題我無法去問任何一個人，而心越來越軟的我，因為沒有可以商量的對象，總是一個人混亂著。

即使只有一天，當我說「我不做飯」，對先生來說也是非常嚴重的問題。他從來沒做過一點家事，在公婆家的時候，廚房的工作完全是「女人的事情」。連自己要喝的水都是女人倒的。當先生躺在沙發上看電視時，婆婆或小姑會自然的把點心擺在他面前，先生就是在這樣的環境中長大。

先生小的時候，是跟叔父和姑婆們一起生活，廚房的事情一點也沒碰過。甚至有時走到廚房附近，還會被姑婆說：「男人進廚房的話，辣椒（比喻男性生殖器）會掉。」

對於先生來說，廚房是「只屬於女人的領域」。婚後前八年，因為跟公婆住一起，所以完全沒有機會改變先生。

第一次搬離公婆家之後（當時先生非常反對搬家，祖父母和公婆也不願意。只有我一個人堅持這麼做，那真是非常波折的過程。）大概約有兩年的時間，先生非常討厭只有我們的家。因為搬家是我要求的，所以我無法開口要求已經極為不滿的先生幫忙做家事。就算我因為得富貴手而疼痛不已時，先生也只是幫忙洗了兩次碗而已。之後，又很自然的什麼都不做了。這樣的人，叫他做飯給自己吃是絕對不可能的事情。

我的「週末休假」戰爭就這樣持續了三、四年。先生就像牆壁般不為所動。我是那樣渴望休假，為什麼只有我不能擁有自由自在的週末時光呢？「你跟孩子們都有自由的週末，為什麼我就不能有？上帝也說六天工作，一天用來休息，為什麼我就不能夠有星期日呢？」

先生的理由只有一個，「那誰做飯？」

我實在氣到無法可說。「做飯是主婦、女人要做的事情」，先生的這個想法就像混凝土般堅固。

我思考著要如何讓先生理解。先生認為在外面工作才是重要的事，因為那是忍受著各種折磨來賺取金錢的工作，當然可以正正當當的在週末休息。可是，做家事又不會有壓力，居然還需要另外休假，實在太不像話了。

先生對於男女該做的事情的觀念根深蒂固，不管我再怎樣說明，他還是聽不進去。看來，只能讓他親身體驗了。家務事並非只是煮幾次飯或打掃幾次而已，而是全面負責起家中大小事情並且得要持續做。而且並不是只做看得到事，就連看不到事都要一整天、一整年持續不間斷的做。只有這樣才能夠理解做家事的辛苦。

為了公平起見，不能只叫先生體驗做家事。我也必須體驗先生長久以來背負著的家庭經濟重擔。彼此都認為自己的工作很辛苦，只有交換做之後，才可能真正理解對方。因此，首先我必須鼓起勇氣跟先生要求，把經濟重擔交由我負責。雖然很害怕，但我認為這是我們兩人彼此都需要的經歷。

於是，我跟先生提出了計畫。

「你辭掉公司的工作，待在家裡做家事。讓我出去賺錢養家吧！雖然我賺的錢跟你比起來會差很多，但是我覺得還是需要這樣做，只有這樣我們才能理解彼此的立場。」

先生雖然嘴上說不像話，但是好像總算有點理解我的心情了。

「家事幫傭」是一項專業工作，那麼為什麼當家庭主婦做這些相同事情時，卻不被當成工作呢？

「公司的工作不論何時都可以辭掉不做。可是對家庭主婦來說，這卻是沒辦法辭職的工作。為什麼連週末都不能休息？到目前為止，我二十年來沒有一天不做家事，現在為什麼連要求一週有一天的時間完全屬於自己都不行？」

我如此懇切的跟先生表明自己的想法，卻得到那樣的反應，真的讓我心痛到流淚。我的心真的非常痛。看到自己只不過為了爭取一天的休息，就要如此費盡心思，我好像突然理解過去的我有多辛苦了。對於那個，直到如今依然得不斷滿足他人的要求，過得糊里糊塗的我，感到憐憫至極。

經過長時間的爭吵後，先生總算接受了。

愚昧的相信，女生必須溫馴乖巧

「南露脊鯨是瀕臨滅絕的動物。這種鯨從史前時代就存在了，但從十七世紀開始因為受到大量獵捕，數量快速減少。南露脊鯨會特別容易成為捕鯨人的目標是有原因的。因為南露脊鯨會噴出「V」字形水柱，所以捕鯨人即使在遠處也可以掌握到牠們的位置。再加上南露脊鯨溫馴且好奇心強，常常自己就靠到船邊，這也讓捕鯨人更容易獵捕到它們。」

這段話引自塞巴斯蒂昂・薩爾加多（Sebastião Salgado）的攝影集《創

世紀》（*Genesis*）。我們女人也跟南露脊鯨一樣單純。二〇一六年藍尼・亞伯漢森拍攝的電影《不存在的房間》講的也是單純的女人所遭遇的悲劇故事。電影中的女主角喬伊在十七歲那年，因輕信陌生男人邀請她幫忙看生病的狗，而被囚禁長達七年。在那個小房間內，她生下了兒子傑克，成為了一位媽媽。當傑克滿五歲時，喬伊決定讓傑克生活在「真實的」世界，於是決定逃脫。但是經歷不幸遭遇的喬伊，即便逃脫成功了，在真實世界裡卻因為別人的異樣眼光而封閉自己。

人們關注十七歲的少女被囚禁七年的可怕遭遇，卻忽略了為什麼會發生這樣悲劇的原因。為什麼喬伊會被囚禁呢？為了不再讓相同悲劇再次發生，我們應該去探討原因。

從被囚禁的房間逃脫出來的喬伊，無法適應真實的世界，而喬伊的媽媽因為不知道該如何幫助自己的女兒，總是小心翼翼。某天，喬伊對自己的媽媽大喊，她想摘下善良的女兒的假面具。因為如果不聽媽媽教導，不做一個「善良的人」的話，自己就不會去看生病的狗，也就不會發生如此悲劇。

大部分的民間故事或傳統童話中的女人，都是因為善良單純，而遭遇不幸。十七歲的喬伊把媽媽的話銘記在心。面對陌生男人的請求，即便喬伊感到害怕且有所懷疑，可是要成為「一個善良的人」這個想法，還是讓喬伊跟著陌生男人走了。

卡爾・榮格（Carl Gustav Jung）學派的精神分析家西比爾・比克霍伊澤・奧里（Sibylle Birkhäuser-oeri）曾這樣說過：「女人比任何生物還要純真到愚昧，因此無法忠於自己的本性而活。[2]」南露脊鯨因為天生的純真加快了種族的滅亡。電影《不存在的房間》的女主角也因為「要當一個善良的人」而發生悲劇。

2 西比爾・比克霍伊澤・奧里（Sibylle Birkhäuser-Oeri）《民間傳說的母性》（*Die Mutter im Märchen*）

為什麼女人非要純真不可呢？單純的獵物，自然很容易上鉤。自己跑到捕鯨人的船旁邊，或是願意伸出援手的單純想法都是可以被利用的。而女人內心的「女人應該……」的想法，也是讓自己受傷的原因之一。

父權主義思想用「女生應該做什麼」不動聲色的去逼迫女人。女人應該單純和善良，應該有禮貌和溫柔，應該忍耐和犧牲，應該順從男人，說話不可以大聲……。這樣的女人才是美麗的，這樣的女人才能夠得到男人的愛。

在父權社會下，自主、勇敢和積極是用來表達男性的形容詞，而女性卻是被動和順從。當他們對女人強調「要有女人樣」的時候，其實就是在制約女人的思考、行動和言論。當男人們為自我主張辯解時，會被稱做「辯論家」。但女人只要這麼做，就會被看成是「倔強的女人」。

問題是這種社會文化也影響了女性們對自己的想法。「女人太聰明的話，會打壓到男人的氣勢」、「對女人來說，長得漂亮才是最重要的」等等。這些框架限制了女性對自己的想法。她們會在不知不覺中檢查自己的樣子是否「不夠女性」。

我為了成為被愛的女人，長久以來對於「女人應該……」深信不疑且確實執行。但這卻是讓我自己走進不幸房間的原因。

對女人來說，最恐怖的存在原型應該是童話故事〈藍鬍子〉。藍鬍子娶過很多妻子，把妻子們殺掉後，將屍體藏在地下房間。不久，藍鬍子又娶了新的妻子。他把家中的鑰匙交給妻子，並告訴她可以打開所有房間，但唯獨地下室的房間不可以。最後妻子還是打開了地下室的門，她看到房間內那些前任妻子們的屍體。因為鑰匙沾到了血，被藍鬍子發現，幸好在自己哥哥們的幫助下逃過一劫。可是之前那些無法逃脫的無數女人們都慘遭殺害。

這個故事告訴我們，天真無邪的女人跟壞男人走，便會過著犧牲自我的悲慘人生。

羅伯特・A・約翰遜（RobertA・Johnson）在《她—通過神話閱讀女性》

（*She: Understanding feminine psychology*）中透過希臘神話中厄洛斯和賽姬的故事來說明女性的心理。

厄洛斯費盡心思把賽姬帶到一個自己安排好的樂園。並且跟對方約定只要不看到自己的臉，就可以一直在這個樂園中生活。厄洛斯通過這種方式控制了賽姬。（中略）在厄洛斯打造的樂園中不能追求對潛意識的覺醒，提問題是不被許可的。可是這樣並無法跟男人建立真誠的關係，而且必須完全臣服在男性無形的統制下才能夠生存。

絕對不能看到先生的臉，絕對不能打開的房間。這些都表示女人只有保持純真才能繼續在樂園生活。也就是說，只有純真的妻子，才能夠得到先生的愛。當賽姬拿起燈想看先生的臉時，厄洛斯就離開了賽姬。妻子就這樣被遺棄了。

結婚前，跟男人約會的時候，有些女人會假裝自己什麼都不懂，表現純真的模樣。好像當一個不知世事的女人，只要說「我什麼也不知道」，就可以得到男人更多的愛和保護。這個純真模樣，在婚後也得繼續維持。我即便在求學時學過女性學，也只是文字的學習，無法感受在實際生活中的不平等，無法以一個女人的身分，堂堂正正的生活。

不能看到先生的臉和不能打開房間，這些都是長久以來無法打破的禁忌。因為好像女人如果不做先生希望的事，就無法得到愛，甚至會害怕就此被拋棄。可笑的是，當先生離我越來越遠的時候，我就會更加努力成為先生想要看到的樣子。女人雖然憤憤不平，但更加害怕被遺棄，所以完全不敢打破禁忌。

這樣下去，生活只會更加悲慘。因為必須在先生和公婆面前屈服於「看不到的控制」，才能夠生存。因為太過害怕，連拿起燈看先生和公婆臉的勇氣也沒有。

為了自己舉起了刀和燈火

回看過往，我常常覺得自己很愚昧。因為自己的無知和天真讓婚姻生活變得痛苦。不知道問題在哪裡，也不知道該如何解決，總是陷入混亂完全找不出頭緒。因為太過害怕而無法拿起刀和燈火。因為太過害怕而假裝看不到真實。

湯姆・福特（Thomas Carlyle Ford）執導的《夜行動物》中，女主角蘇珊擁有讓眾人羨慕的一切。但蘇珊因為嚴重失眠，生活根本不幸福，甚至對於自己擁有「不幸福的感受」都帶著罪惡感。

「我有感到不幸的資格嗎？我擁有了一切卻還認為自己不幸，真的太不知羞恥了。」這是蘇珊對朋友說的話。面對這樣的蘇珊，朋友的先生對她說：

「這個世界本來就是不合理的。妳認同這一點的話，會過得比較輕鬆一些。我們跟其他人相比，已經比較不那麼辛苦了。」他建議蘇珊得過且過活著就好。

蘇珊並沒有說出自己為何不幸福的原因。即使她知道先生外遇，也得裝作不知道。她沒有勇氣拿起燈，看清自己人生中不合理的地方，反而跟過得不好的人相比，好安慰自己並逃避現實的問題。

蘇珊當年愛上貧窮的小說家愛德華時，遭到母親強烈的反對。因為生活在上流社會的母親認為蘇珊跟自己一樣，不可能放棄奢華的生活。而貧窮的愛德華，沒有能力讓蘇珊過著富裕的生活。聽到母親說，要是跟愛德華結婚，不可能過得幸福時，蘇珊反駁：

「我跟媽媽不一樣，我絕對不要像媽媽那樣生活。」

然而，母親依然堅持自己的想法：

「等著看吧！我們每個人最終都會變得和自己的母親一樣。」

如同母親所預料的，最後蘇珊跟愛德華離婚，改嫁了高富帥的男人。因為蘇珊最終還是無法拋下，能夠享受父母和先生財富的人生。就這樣，蘇珊選擇跟媽媽相同的路，過著不是自己而是延續母親的人生。母親的人生表面上擁有一切，但卻是沒有核心的空殼。沒有「自己」這個核心的人生，終究是不可能幸福的。

我小時候住的房子也被爸媽當成店面，我們沒有搬過家，一直住在同一個地方。因為我不喜歡，好幾次纏著媽媽要求搬到獨立的住宅或是有大門的房子。每次媽媽都會毫不猶豫的拒絕。

「比上不足，比下有餘」、「即使是木屋，妳也要懂得感恩至少有自己的家」……。母親認為，過著匱乏的生活是自己的命運，必須要接受，而且也教導我們必須忍耐。小時候，每次聽到母親這些話，我也會跟蘇珊一樣反駁：「我才不會那樣！」雖然對母親這麼說，但我並不知道要如何才能過得不一樣，也沒有去尋找方法。結果，切合了蘇珊母親所說的：「等著看吧！我們每個人最終都會變得和自己的母親一樣。」

母親的生活方式和觀念也延續到我的人生。我的人生為什麼不合理，要怎樣做才能讓婚姻幸福，我從來沒有好好想過這些問題。我只是像母親那樣，看著比自己不幸的人們來安慰自己。

羅伯特・A・約翰遜在他的書中提到，女性如果想擺脫純真，需要「刀和燈火」。這也是賽姬為了逃出厄洛斯打造的虛幻樂園所使用的兩個工具。刀是切割的工具，象徵頭腦清晰的理性和判斷。燈火可以讓我們照見黑暗中看不到的東西，從沉睡的潛意識狀態中甦醒過來，點亮燈火，看到自己的樣貌。「現在，就是這裡」透過刀可以把人生中不合理的部分切割開來，並且徹底割除。（男人使用刀的時候，意味著「死亡」，但女人使用刀時，意味者「生存（make live）」。）

藍鬍子是壞男人的代表，外表看起來很有魅力，其實內心極為兇殘，純真的女性看不出來。他們只看到厄洛斯英俊瀟灑的外表，看不到藍鬍子黑暗的內在。純真的女人誤以為看到的外表就是那個人的全部樣貌。厄洛斯為了不讓賽姬看到自己的臉，總是到了晚上才出現，只有這樣賽姬才不會看到他真實的樣子。

電影的片名《夜行動物》指的是在夜間活動的動物。夜行這個特性，象徵著潛意識的活動。它會誘發隱藏在潛意識中我們的殘酷動物性。潛意識下做出的行為，殺傷力更強。蘇珊和蘇珊的母親表面上看起來是有教養、親切的好人。其實，她們有著連自己也不知道的極為冷酷無情的一面。愛德華透過小說的方式來告訴蘇珊，她傷害自己有多深。這也是他所寫的小說名為何為《夜行動物》的原因。

兇殘的動物性，並非只有蘇珊或某些特定人才具備，它存在所有人的潛意識中。因為是潛意識下發生的殘酷行為，就連夜行動物自身也沒有發覺。也因此，才會給自己和親近的人帶來極大的傷害。

把自己可以過得幸福的所有要素全部丟給男人說：「因為你愛我，應該知道要怎樣做」。或是面對不合理的事時，寧可閉上眼睛，也不去爭取自己該有的權利。這等於允許對方的「夜行動物性」更加放肆的傷害自己。

我們應該像賽姬那樣拿起燈火，看到隱藏在背後的另一個樣貌。那盞燈火同時也會照亮妳自己。我們才會對從來沒有意識到的「女人應該……」的所有制約中提出疑問。這些問題持續點亮燈火。

「我是誰？女人為什麼一定要那樣活著」、「我為什麼一定要聽從那個要求？那樣做，我可以得到什麼嗎」、「我想要擺脫痛苦，該怎樣做呢」。

得到智慧的第一步就是提出問題。每一次提問，也就是找到答案的時候。

為了不再被內在或外在的邪惡誘導而犧牲自己，想要完全為自己而活的話，就必須一手拿著燈火，一手舉起刀。女性的燈火可以帶來智慧，女性的刀可以用來救自己。

練習獨立，從害怕中找到自信

我其實花了很長的時間，去找出且解決自己和先生的問題。因為日常生活中遇到不合理事情時，我會以為那些都是理所當然的，所以我很難意識到不合理之處。直到發生了那件事，才讓我認真的面對問題，開始思考。

這是十二年前發生的事情了。那是先生休假在家休息的某個上午。孩子們都去上學了，先生躺在沙發上悠閒的看著電視。我在房間內看書，打算起身去泡茶的時候，突然覺得心臟有點抽痛。「咦，怎麼會這樣？心臟怎麼會痛？」我邊感到奇怪邊走出房間。對著在客廳的先生說：「好奇怪喔！我突然心臟很痛？」話才剛說完，心臟就像被用力揪住似的痛到不行。因為實在太痛，也太過突然，我的眼淚瞬間如洪水般湧出。

被嚇到的先生問道：「怎麼會這樣？」但我實在太痛，答不出來話來。

「心……好痛……。」

先生被嚇得驚慌失措。我邊哭還邊勉強出聲安慰他，

「沒關係……等一下就會好。」

話雖這樣說，我的眼淚還是止不住。先生扶著我走進臥室，讓我躺在床上。即使如此，我還是哭個不停，因為心痛而流眼淚，但流淚後心更加痛。先生實在不知道該怎辦才好，想帶我去醫院，可我完全動不了。過了一會兒，我全身蜷縮又持續哭了好一陣子。慢慢的，痛的感覺開始緩和。我的哭聲才慢慢停止。

隨著時間的流逝，這種突然出現的痛症像海市蜃樓般消失。如暴風雨般的痛感荒謬得讓人難以置信。

「發生什麼事情了嗎？為什麼會這樣呢？」

如同夢境會傳達潛意識的信息，我認為這次的異常心痛，也是為了傳達給我，某個一定要知道的緊急事件。潛意識有時候就像緊急電報那樣，即使是清醒的時候，也會丟出信息。我開始認真思考這件事代表的意義。「難以忍受的心痛」為什麼偏偏在先生悠閒的時刻出現？這麼來看的話，這次的心痛是不是也跟先生有關係？如果是，是什麼關係呢？可惜，當時的我不了解心痛和眼淚的意義。

之後，因為開始慢慢意識到自己和先生之間的問題，我才知道，原來那個不名的痛症，象徵著我痛苦不堪的婚姻生活。自己太過軟弱和恐懼了，那些都是長期以來被壓抑在內心的憤怒、不合理、寂寞的眼淚。同時也是再也不要因為先生隱忍吞淚的吶喊。

慢慢的，我開始表達自己的情感，開始對先生說出內心話。但即使是小事情，先生也是異常固執，例如：洗碗。為了讓他心甘情願洗碗，我花了超過五年的時間。先生是幾十年來，從來沒做過任何一件家事的人。因此，要改變他，要花很多時間也是自然的。但問題是，並非只有洗碗這件事情而已。我們夫妻間累積起來的不平等問題實在太多了，就連洗碗這件小事，也要花這樣長的時間。再加上，每次我們有衝突時，先生都跟銅牆鐵壁般完全不為所動。我突然意識到要一個個解決所有問題，是不可能達成的任務。光洗碗這件事就花了五年，那要到哪年哪月才能全部改變呢？我不想這輩子整天都跟先生爭吵。我覺得無論再怎樣做，先生的態度也不可能改變，或許只有離婚這個方法。

第一次有離婚這個念頭是先生外遇的時候，可是當時的我沒有勇氣跟先生提出離婚。因為太過害怕，所以即使說了，聽起來也只是「親愛的，不要再讓我傷心了。」這樣訴苦的話罷了。

說真的，離婚對於當時的我來說是完全無法想像的，那是多麼可怕的事情啊！再來，我也沒有可以一個人生活的自信。因為我太過軟弱，好像沒有先生就無法過日子，所以面對他的外遇或其他霸道行為，我一點也不敢正面去對抗。他從來不認為要反省自己的行為，也不覺得需要改變。這是先生一直以來的態度。對於我對他所說的辛苦，在他眼中不過是牢騷或嘮叨而已。對於家事完全不關心，對於自己該享受的權利認為理所當然，但對於自己加害在妻子身上的不平等對待，卻裝作看不到。因為他認為妻子對先生必須要完全的忍耐和理解。

婚後沒有先生陪同的我，一個人走得又寂寞又痛苦。突如其來的痛症象徵著我長久以來獨自忍受的事情。再也不能讓自己再心痛了！我一定要結束掉先生總是不在的不完整婚姻。

為了可以這樣做，首先我必須擺脫經濟上對先生的依賴。如果現在馬上離婚，我連房子的一角也沒得住，至少我要有可以租房子的錢。

孩子們隨著年齡增長，學費的支出也越來越多。身為上班族，先生不管孩子已經長大，需要更多支出，每個月給的家用還是一樣。當我因為孩子學費支出變多而抱怨生活費不夠時，先生卻說：「難道妳要我去當小偷嗎？」我實在不想跟他理論，只好節省家用，也因此自己很難存到私房錢。

然而，想要獨立生活的第一個條件，就是要有錢。如果要等到家用比較充裕的時候再來存，實在太難了。因此，即使是很小的錢，我也必須開始存。也是從那個時候起，我為了減少不必要的開銷開始記帳。開始工作後收到講義費時，也另外存起來。我真的什麼也不花，只顧著認真存錢。就這樣，六年來我存了五十幾萬。

「女人要獨立，首先必須要有錢。」我真的深深體會到這句話的重要。這是為了離婚後可以獨立生活存到的一筆小錢，卻給予我很大的力量。因為有了這筆錢，我慢慢的敢說出自己的內心話。

接下來，要好好計算一個人生活所需要的生活費。

我查了一下套房的租金，在首爾附近的話，大概是五千塊左右。離捷運站遠一點的話，約五到八千塊就能租到不錯的房子。如果一個人生活，戒掉咖啡，每天的餐費也控制在二百塊之內的話，應該沒有什麼問題。一個月的餐費算八千，手機費、水電費，以及其他雜費約五千，租金約五千到八千，這樣算下來，一個月需要的總金額約二萬塊左右。我覺得只要有了這筆錢，就可以獨自生活了。如果更節省，租郊區便宜套房的話，一個月只要有 一萬三至一萬六千元就足夠。

經過這樣具體的計算，我更加有信心了。我甚至買了定期儲蓄，每個月只要繳五百多塊。希望在將來，可以用自己的名字買下一間小公寓。

這時候，我才知道自己有沒有經濟能力這件事情，即使沒有離婚，在心理上也是非常重要的。

在夢境中出現錢的話，代表能量和力量。而在現實生活也是如此。錢成為「我的能量，我的力量」。對於我來說，只要一想到自己擁有五十多萬，內心就特別踏實。過去覺得沒有先生就無法生存的恐懼，還有自己無法獨立生活，如同小孩般的依賴感通通消失了。

等存到可以獨自生活的基本金額後，過去那個總是感到害怕的小孩總算長大，感覺自己是一個成人了，那種茫然的感覺終於消失。

如今，即使離婚，我也有信心可以獨自生活。

第二部

找尋自己

第3章

透過夢境
面對自己

作夢，打開潛意識的箱子

雖然看不到，但幼年時期的我，總覺得有其他世界的存在。看不到，當然也就無法跟其他人說明。小時候，孩子們經常玩打彈珠或紙牌遊戲。只要家裡有小孩，就一定會有彈珠。比起打彈珠，我更加喜歡觀賞五顏六色的彈珠。彈珠透過光線，靠近眼睛看的時候，真的非常神奇。那個看不到的世界彷彿可以通過彈珠就看到。如今回想起來，小時候渴望的那個異世界，或許就是自己內在的宇宙，也就是「我是誰」。

長大之後，我更加想知道我是誰？我要怎樣活著？這些問題的答案似乎可以在宗教中找到。一九八七年，我受洗了。我一個人到明洞教堂聽教義的第一天，有一張問卷需要填寫。第一個欄位是填寫名字，第二欄位詢問為何會想要來教堂。我依然清晰的記得自己寫下的答案——「為了獲得平靜的心」。從小時候開始，莫明的不安全感一直是我的人生背景。對於生活在未知的世界感到恐懼。感覺只要找到讓自己害怕的原因，就可以平靜過生活。

結婚之後，迷茫的可怕人生變成了具體的艱苦日子。我總是無法從糾結的混亂中逃脫。剛開始，我是從女性學、宗教等相關書籍中去找尋答案。

之後，因為先生的外遇，我大受打擊。為了找出痛苦的具體原因，我去找了精神科醫生，還有神父、修女、僧人、教授、姐姐、朋友、母親……。只要是我覺得可能會知道答案的人，我都會緊緊抓著他們問個不停。可惜的是，沒有人一個人可以給我明確的答案。

我為什麼會這樣活著？我到底要怎樣活下去？我們活著的意義是什麼？只要能知道這些答案，要我走到天涯海角，我也願意。但是，我根本不知道那個地方在哪裡。後來，我通過父母教育課程和心理學開始接觸夢的世界。

二〇〇七年，我參加了高慧晶（韓國的神話學者）的「夢工作坊」。那是我第一次參加夢工作坊舉辦的研討會，參與者必須在大家面前說出自己的夢境。我永遠都忘不了當時的我有多麼緊張。因為我不了解夢，下意識的感到害怕，身體不斷發抖。我把夢境抄寫在筆記上，拿著筆記的雙手抖個不停。當時坐在我旁邊的人看到我的樣子，應該都會感到非常奇怪吧！但這也是沒辦法的事情，每次研討會上輪到我發言時，我都會發抖。嚴重的時候，我還能聽到牙齒的碰撞聲。當時我還不知道自己為什麼會如此恐懼，明明在更多人面前上課時，我完全不會緊張。為什麼在必須講出夢境的時候就會發抖呢？後來，我才知道那是因為遇到了潛意識中的我。潛意識像黑盒子般無法探知，我就像要打開禁忌的箱子似的感到莫名恐懼。那個恐懼感彷彿我要打開的是絕對不能打開的箱子。

某次，我偶然看到雷梅迪奧斯・瓦羅（Remedios Varo）的畫作〈相遇〉（Encuentro）。這幅畫正畫出了我在夢工作坊時發抖的樣子。做夢就像是打開，藏在我心深處的壁櫥內的箱子。

一定要打開箱子的理由，就如同畫中的女子那樣。畫中的女子穿的衣服就像是名為潛意識的紗布般，看起來如同波濤駭浪，也像墳墓中綑綁住木乃伊的麻布。女子的身體極為乾扁，露出來的手腳只剩皮包骨。尖尖的下巴、空洞無神的眼睛以及沒有一絲血色的臉，就像是因為生活的痛苦而顯得無力。桌腳和椅腳又細又尖，象徵著乾枯、敏感又尖銳的心。

女子為了走出如同木乃伊般的枯燥人生，必須打開黑色的潛意識箱子。因為那個箱子內有女子被搶走的血和肉。她打開了第一個箱子，雖然極為恐懼，但唯有如此，才能看到自己真正的模樣。內心世界的地下櫥櫃內滿滿的都是等待被打開的箱子。女子必須鼓起勇氣把箱子一個個打開，這是女子必須面對的課題。只有打開箱子，身體上如木乃伊的麻布才會開始鬆開。就像是從蠶繭或雞蛋內破洞而出，這是開始慢慢展現真實自我的瞬間。

希臘神話中普羅米修斯的弟弟厄庇墨透斯有一個箱子。這是為了給人類打造樂園時準備的箱子，但當時不需要的壞東西也被放入了箱子內。厄庇墨透斯告訴妻子潘朵拉絕對不可以打開這個箱子。但潘朵拉實在忍不住好奇心，最終還是打開了。於是在那個箱子內，會讓人類不幸的災難、痛苦、憎恨、怨恨、復仇、絕望全都跑了出來。潘朵拉雖然立刻蓋上了箱子，但這些不幸已經飛出。幸好箱子內還留有一樣東西，那就是「希望」。

「絕對不可以打開」的禁忌，最後總會變成「一定要打開」。不論是打破哪種禁忌，要做之前我們都會感到莫名的恐懼。

但是只有打開箱子，才能遇到完整且真實的自己。打開箱子的時候，你會先看到壞的東西。只有先接受這些不好的，才能發現更深層的我。在我內心潛在的能力、能量、熱情和智慧等，才能讓人生過得更富足。

我們通過做夢可以打開這些潛意識的箱子。榮格曾經說過，「我的夢就是我自身，我的人生，我的世界，我的現實。[1]」《塔木德》中也提過，夢是「來自神的情書」。神偶爾會寫情書給我們，而我們早就具備讀懂那封書信的能力。只是，因為從來沒有使用過那種能力，需要開發。我的想法沒有錯，越是關心夢境，對於夢境的理解力也能隨之提高。這一點對每個人來說都是一樣的，因為最了解自己的人其實就是自己。想要讀懂夢境傳達的訊息，只需要誠心和耐心就夠了。就這樣，我用超過十年時間來探索我的夢境。

在這十年間，壁櫥內的箱子被我打開了幾個呢？我從二〇〇五年開始斷斷續續的紀錄夢境，二〇〇七年開始正式紀錄，直到今日已累積四十本筆記了。

因為害怕而不斷顫抖的雙手打開箱子後，看到的卻是自己黑暗的一面，對於我來說是極為痛苦的過程。但即使如此，我還是無法停止打開箱子。原因如同潘朵拉的箱子一般，在箱子內還有希望。每回做夢，讓深陷痛苦的我，支撐

1 卡爾・古斯塔夫・榮格（Carl Gustav Jung）《人及其象徵》（*Man and His Symbols*）

下去的力量，就是這個希望。不論那個夢境多麼殘酷無情，都一定還有希望。我就是這樣拉著夢境中的希望之繩，透過紀錄夢境找到自己。當無法言喻的不安和恐懼來襲，或是渴望內心平和時，我就會打開夢的箱子。我後來才知道，在自己的夢中，除了有創傷和痛苦外，還有更深層的智慧，以及找到人生平衡點和方向的線索。不論是誰，只要有勇氣打開那些箱子，就可以發現自己渴望得到的東西，其實就存在於自己的內心。夢境是潘朵拉的箱子，也是給自己的禮物。

從重複的夢中找出意義

電影《今天暫時停止》中主角菲爾・唐納每天都活在同一天裡。早上六點醒來之後，聽到的廣播和昨天一模一樣，打開窗簾，發現窗外的風景居然也跟昨天相同。走在跟昨天相同的路上，遇到跟昨天相同的路人，自己也跟昨天一樣踩到水坑，每天都重覆昨天的情景。

「我的明天不來的話，怎麼辦？不，是連今天也沒來。」

菲爾・唐納最後實在受不了每天相同的生活，於是開始用各種方法自殺。但隔天醒來還是一樣，昨天就像掉入了黑洞。

就像這部電影，我們誤以為每天都過得不一樣，其實我們也只是在重複著毫無變化的日子。如果有一天，我們突然發覺，自己的人生不過是一再重複著相同日子，會是如何呢？

小時候，鄰居家的阿姨是媽媽的好姐妹。如今她已經八十高齡了，依舊因夫家而過得很艱苦。阿姨從年輕的時候就常常說，等孩子們長大，只要大兒子一結婚，她就要離婚。後來，大兒子和二兒子都結婚了，阿姨還是沒有離婚。接著，阿姨又到處嚷嚷說，只要小兒子結婚後，她就要離婚。歲月就這樣過去了，小兒子結婚了，阿姨也八十歲了，依然因為相同的問題跟先生爭吵。當年阿姨大聲喊著說要離婚的時候，我還以為阿姨馬上就會離婚了。四、五十年前阿姨因為先生過得不快樂，如今還是因為先生而痛苦。孩子們都結婚了，阿姨好像活夠了似的，只是一再重複著昨日的生活，任由時光流逝。孩子獨立後，似乎是自己展開新人生最佳時期，但阿姨也只是嘴上說說而已。

我朋友結婚的時候，她的婆婆正好五十一歲。因為有媳婦了，婆婆很自然的再也沒有走進廚房。每天只等著吃媳婦準備的飯菜。那位婆婆每天醒來之後，直到睡覺前，都待在電視機前看電視劇。因為太少出門活動，越來越胖。某次下樓梯時，還扭傷了腳，之後就更少外出，幾乎可以說完全不出門了。二十五年過去了，直到今日，她依然跟過去那樣，每一天都從看電視開始，最後也在電視機前結束。朋友說二十五年前第一次看到婆婆的樣子到今天完全沒有改變，實在太讓人驚訝了。

不論是誰在意識層次都是希望自己幸福的。可同時，卻在潛意識的層次抱著已經習慣了的不幸活著。電影《刺激一九九五》講述著監獄中囚犯的故事。監獄內的模範長期囚犯每十年會有一次假釋聽審的機會，只要通過就能被釋放。囚犯們為了早日離開監獄，總會用盡心力表示自己已經改過向善了。可是每次都會被駁回。就這樣，十年、二十年、三十年持續被駁回之後，囚犯們對外頭自由世界已經沒有任何迷戀。然而過了四、五十年後，某位囚犯突然獲得假釋，重獲自由。然而，經過五十年漫長的等待歲月，總算得到自由，離開監獄的長期囚犯，卻自殺了。因為他已經習慣了監獄生活。不論是誰，離開熟悉的生活，走向全新的日子其實跟死沒兩樣。

我們的身體喜歡熟悉的事物，因為那是最舒適的。因為熟悉，連努力也不需要了。熟悉也代表著沒有變化，要重複著一模一樣的日子。其實我們經常都在說著相同的話，做相同的事，只是地點和時間不同而已。有時候，甚至是在相同的地方跟相同的人反覆說著相同的話題。就像生活沒有任何變化的老人那樣，反覆說著過往的故事，嘮叨著相同的廢話。因為日子都一樣，自然可說的只有過去的事。沒有變化的生活或許過得很舒適，但沒有付出行動，也絕不會有變化。

而我呢？我每天由紀錄夢境開始一天的生活。某天，我認真翻閱著自己紀錄下來的夢時，突然發現，我做的夢居然很類似，有許多夢一再重複。反覆做著相同或類似的夢境，代表我人生的某一部分也一直在重複。在現實生活中，我並沒有意識到這件事，但夢告訴我，自己一直在重複著過去某部分的生活。就像電影《今天暫時停止》中菲爾・唐納那樣，早上醒來聽到相同的廣播，看到相同的窗外風景。因為我正在重複著昨日的生活，所以才會一直做著相同的夢境。

反覆做著相同夢的另外一個原因是，對我們自身來說，有某一件重要的事情沒有解決。夢通過重複的方式來強調，那件事情對我們來說非常重要。只有解開心中那個問題，我們的人生才能獲得釋放。

在重複出現的夢中，隱藏著我們不想記起來的創傷、痛苦、過失等。就像出現裂痕的唱盤，總是無法跳到下一步，一直重複著相同區間的聲音。

二〇一七年由金明民主演的電影《一天》，也是描述重複過著同一天的故事。電影中男主角不斷經歷女兒發生車禍前的兩個小時。每天一睜開眼睛，就開始重返那個痛苦的時間。不論男主角怎樣努力阻止女兒死亡，每次都只能眼睜睜的看著她在自己面前死去。這樣的痛苦就像是神給予的懲罰。在神話故事中，如果我們欺騙了神或是偷了神的東西，就會被神處罰，得永遠重複著相同痛苦。

普羅米修斯把宙斯的火種偷來給了人類。宙斯為了處罰他，每天白天都派老鷹去啄食他的肝臟。可是一到晚上普羅米修斯的肝臟又會再長出來。於是，隔天他又要再次忍受被鷹啄食的痛苦。薛西弗斯因為欺騙了神，被處罰把一塊巨石推到山頂。可是，巨石總是一再滾落，薛西弗斯只能永無止盡的推著石頭。坦塔洛斯是宙斯的兒子，但卻偷了神的飲料給人類，甚至殺了自己的兒子做成食物。於是，神處罰他永遠無法擺脫口渴和飢餓的痛苦。他們必須不斷重複痛苦，永世無法脫身。

電影《一天》中，男主角為了救女兒嘗試所有方法，依然無法擺脫女兒死亡的痛苦命運。最後，男主角發覺，因為某種力量，才讓自己無法阻止事件發生。在反覆的痛苦中隱藏著祕密，而這原因竟在自己身上，因為某個不想記起來的錯誤過去，才導致這個悲劇發生。如果不去解決這個問題，就無法擺脫痛苦。男主角碰到自己不想碰觸的，也是最難的問題。

如果想要從一再重複的生活中跳脫出來，過著全新的日子的話，該怎樣做呢？能改變重複習慣的力量就是「渴望」。只要你足夠渴望，不管是什麼事情都可以改變。當你真的迫切渴望想要改變的時候，不論是要你做什麼事，就算失去生命，你都會願意接受。接下來，就是行動。

那是怎樣的行動呢？跟昨天（過去）不一樣的行動。去做自己最害怕、最恐懼的事。正面迎戰過去所逃避的問題。

我們的問題是內心雖然渴望變化，但身體卻沒有「行動」。社會上所說的「NATO族」就是只說不做的人，「NATO」是「No Action Talking Only」的縮寫。沒有付出行動的話，人生是不會有任何變化的。

只有抱怨，是不會有任何改變的。意思是如果想要有所變化必須付出努力，必須不間斷的做出跟過去不同的行動才能夠培養出新習慣。當然想要擁有跟過去不同的模樣，必須花相當長的時間。電影《摩登時代》中，主角查理整天在工廠做著鎖螺絲的工作。一天工作結束後，在查理眼中所有東西都像螺絲，都需要鎖緊。工作時間雖然結束了，可查理的雙手卻無法停止，那是因為身體的慣性所造成。因此，想要改變過去的生活方式，必須先改變身體的慣性。想要改掉某個習慣，需要每天持續用其他行動來取代，所需要的時間也跟養成原本習慣的時間一樣長。

我們回到電影《今天暫時停止》中。這部電影的導演在訪談中提到，電影中每天重複的日子應該有三十年左右。這句話的意思是，如果一個人要完全改變，需要三十年的時間。在電影中，菲爾・唐納開始嘗試從沒做過事。每天學習彈鋼琴、調音。全新的事情要每天、一年、十年持續的做，就只是那樣而已。然後某一天，菲爾・唐納在宴會上愉快的彈著鋼琴的時候，看到自己所愛的女人，打扮得漂漂亮亮出現在眼前。

菲爾・唐納每天都會做不一樣的事情，終於有一天，昨天消失得無影無蹤，他總算擺脫了名為昨天的黑洞。當菲爾・唐納隔天再次醒來的時候，總算等到了明天。菲爾・唐納開心的說：

「不一樣的今天總算到了。長到不能再長的一天結束了。」

結束
代代相傳的不幸

我為了做兩年一次的健康檢查來到了醫院。在檢查之前，都得先填問卷，裡頭有好幾個跟原生家庭父母病例相關的問題。源自同一家族得相同疾病的機率很高。生活在一起，環境、文化、飲食、習慣都相同，自然也會得到類似的疾病，這是在不知不覺中傳承下去的。但不只是身體的疾病，就連不幸也會。

某次我在電視上看到有關貓的實驗。實驗者把老虎的叫聲錄下來，給從未看過老虎的貓聽。從未聽過老虎叫聲的貓，聽到後馬上全身僵硬。對於貓來說，老虎是強大的捕食者。這種集體潛意識已經深深烙印在貓的遺傳基因上了。因此，即使只是聽到聲音，貓也會本能的感到死亡的恐懼。

這種集體潛意識的影響並非只在貓身上。分析心理學的創始者卡爾・榮格發現，所有人都有內在化的集體潛意識。上一輩經歷過的戰爭創傷和痛苦會傳給下一代，即便他們沒有經歷過戰爭也會莫名其妙的感到痛苦。這些事有時候會透過夢傳遞出來。我有位同事的爸爸是朝鮮戰爭的特種兵。戰爭結束後，依然飽受戰爭陰影的折磨，最後酒精中毒而過世。可是，我的同事是戰爭結束後才出生的，她經常反覆夢到爸爸經歷戰爭時腥風血雨的場面。她找不出原因，只能忍受著這些痛苦。有時候，莫名的夢境可以往回追溯到前面好幾代，甚至連結到所有祖先、人類的集體潛意識。

如果你正因為莫名的原因而感到痛苦，跟找出疾病的來歷一樣，看看父母是怎樣生活的吧！我們的父母過得幸福嗎？如果他們過得不幸福，原因是什麼呢？或許找到父母不幸的原因，就可以發現自己為何總感到不幸。

我的父親就像被懲罰的西西弗斯那樣，不停的努力工作。白天他要忙著店內的生意，晚上還要上台演奏，每天都是搭最後一班車回家。但為了隔天的生意，凌晨就得起床準備。我小時候，記憶中的父親，除了中午稍微午睡外，其他時間都在工作。即使店裡稍有空閒，父親也會忙著養雞，或是動手做些家裡需要的物品。不論在誰的眼中，父親都是誠懇且有責任感的人。我從沒看過父親喝醉酒耍酒瘋的樣子。可是，這樣不分晝夜努力工作的父親，好不容易存到的錢，卻因為被朋友騙了，一瞬間全沒了。父親雖然感到絕望，但沒過多久，就像是為了彌補自己的過失般，更加賣命的工作。最後因意外事故就這樣結束了一生。

母親跟隨著這樣努力活著的父親，我不知道她是否覺得辛苦。但母親常說：「即使神讓時間倒流，讓我可以再次回到年輕的時候，我也不要回去。」年輕的時候太苦了，但即使受苦，母親總是告誡我們，必須要犧牲忍耐。我一直以為父母親的人生是他們自己的人生，是和我完全不同世界的事。

我的不幸之所以一再出現，是由於我不了解自己。正因為不了解自己，自然也就不知道自己應該怎樣活著。隨著歲月流逝，我才發現我的身體裡有一半是父親，有一半是母親。在不知不覺中，我也犧牲了自己，勤勉的生活。如果只知道「活著要努力、要犧牲自己」，那麼這些事情就會像磁鐵般被吸引過來。因此知道「我是為什麼而活」非常重要。

古羅馬斯多葛哲學家，愛比克泰德曾說過：「讓我們感到痛苦的並非發生的事件本身，而是我們對於那個事件的想法。」讓我感到痛苦的不是某件事情，而是在所有情況下都要努力，而且犧牲自己才能活下去的想法。

這樣的想法如今也傳到我女兒身上。獨立出去生活的女兒，發現自己一直以來也以讓自己不幸的習慣活著。女兒在獨立生活的第一天晚上做了個夢。

我的房間內有許多鬼。我可以輕鬆的把它們消滅，因此大多數鬼都消失了。但是有一隻特別的強大。我心想，無論如何我也要把這個傢伙消滅。

我跟女兒說所謂的鬼是「雖然看不到，但是會讓我們的害怕和恐懼倍增，進而使自己痛苦的存在。」女兒邊說著夢境，邊意識到原來是自己讓害怕和恐懼變大，進而使自己過得不幸。如今，痛苦和不幸會根據我們對事情處理方式的不同，而產生不同結果。也就是說，有可能會陷在其中走不出來，也有可能輕易的就解除了。

女兒告訴我，她搬家之後，大概過了兩三天。晚上睡覺的時候，都會聽到廁所傳來滴水聲。如果是以前的她，會因為那個聲音聯想到許多恐怖的事情，而完全無法入睡。可是，這次不一樣了。「水龍頭漏水了！」女兒就這樣接受了這一個事實。女兒馬上起床，去廁所把水龍頭擰緊後繼續睡。過兩三天之後，又發生了一件事情。深夜時，她聽到門外傳來，有人在按電子門鎖的聲音。在沒有家人同住的房子發生這種事情，女兒說以前她一定怕得直發抖。可是，這一次她一點也不害怕。因為她剛搬到這裡時，也曾走錯樓層，按錯別家的門鎖。「應該是有人按錯了」女兒只是這樣想而已，不久之後就再也聽不到任何聲音了。

女兒透過這些事情，發現過去讓自己感到痛苦的一些想法。也就是說，自己在不知不覺中養成了不幸的習慣。女兒說當她了解到這些後，決定要開始培養讓自己幸福的習慣。當我聽到女兒說不幸的原因在於自己的想法，而自己可以選擇幸福或不幸的時候，我真的覺得女兒變成了大人。

痛苦的事情反覆發生的時候，這件事會用不同的樣貌在夢中反覆出現。這時候，要好好觀察並找出造成痛苦的原因。如果因為害怕或覺得麻煩而不去解決的話，這個看不到的痛苦將會永遠糾纏著你。讀懂夢中出現的信息後，相同的夢就不會再出現了。一再重複的夢是要提醒我們，必須鼓起勇氣把過去的痛苦結束。小時候我們是軟弱的小孩，無力改變什麼。但如今我們已成為，可以結束那些痛苦的成人了。

再怎樣努力
也無法順利上廁所

對我來說，讓我不幸的原因主要有幾個：第一，我無法自由表達我的想法、意見，以及想要的東西。再者，當我在做決定或選擇時，就像沒有手的人，總是只能無條件的聽從男人，也就是權威者的話。還有無法從軟弱且必須依賴別人的小孩模樣，變成有力量的大人。這些原因，讓我重複做著無法大小便的夢、沒有手的夢，還有跟死亡有關的夢。

從很小的時候，我就開始反覆做著，無法順利大小便的夢。即使很急，可是在夢中不論怎樣也無法順利上廁所，最後驚醒過來。

• 尿急，但是找不到廁所。
• 到了廁所，可是因為人太多而進不去。
• 廁所內沒有馬桶。或是有馬桶，但排泄物滿出來了。
• 終於到了廁所，可是門鎖壞了。門無法關起來，只好打開，但擔心會被別人看見。

在夢中，我總是因為各種原因而無法上廁所，最後驚醒過來。我們吃完食物後，食物在體內被消化分解，會成為養分被身體吸收，剩餘的殘留物則成為大小便排出體外。身體內累積的廢物到了某個時間點，就會傳達信號給身體，於是我們就會把這些廢物給排除。小便是自然會發生的現象，無法被壓抑和忍耐。如果長期忍耐，就會便祕，心臟或大腸也會因此產生疾病。我們的心靈也是如此。每天產生的想法、情緒，以及吸收到的資訊在內心消化吸收之後，到了某個時間點就必須排出來（發洩或表達）。如果無法順利那樣做的話，心靈也會便祕。

當我無法表達自己內心的感覺、情緒和想法的時候，我就會做無法大小便或是找不到廁所的夢。神話學者高慧晶表示，做這種夢的時候，要問自己「內心有什麼想法或感覺無法表達出來？」如果知道那是什麼的話，想辦法表達出來，在夢中也就能順利上廁所。

想要過著健全的生活，那就需要認同自己內在那些負面的想法、情緒、感覺。假如我們因為認為自己是很不錯的人，是個成熟的大人，而忽略掉心中不好的想法、負面的情緒。那麼就跟忍耐尿意是一樣的。

當我還是小學生時，一直以為老師是不會去骯髒的廁所（傳統蹲式廁所）大小便的。某天，我看到一位美麗的女老師從廁所走出來，就像發現天大的祕密似的覺得不可思議。如果你想讓自己看起來像是不需要大小便的乾淨的人，那只會讓排泄變得更加困難。當你想要表達某個想法或感覺時，因為害怕被對方當成奇怪的人而無法順利說出來，就會像誤以為自己是不需要大小便的人一樣。絕對不能忘記自己的內在，不，是所有人的內在都需要排泄這個事實。

小時候，在我的潛意識中，對於心靈的排泄有所恐懼，因為母親無法忍受小孩的哭聲。母親的哥哥嫂嫂生第一個小孩的時候，夫妻倆都在工作，所以請母親過去幫忙照顧小孩。可是，母親很難忍受小孩的哭聲。有一次，小孩因為生病住院一星期。母親承受不住每天哭鬧的小孩，不得不叫在外縣市當公務員的弟媳來幫忙。從那天開始，母親就不再幫忙照顧小孩了，不管是誰的小孩都不再幫忙。母親只要一聽到小孩的哭聲，就會非常痛苦，也因此真的生病了。或許母親是害怕碰觸自己一直在迴避的傷心過往，才會潛意識的對孩子的哭聲感到恐懼。

小的時候，我們不可以哭出聲音，不可以大聲發脾氣，也不能表達自己的想法和感覺。因此，我們總是忍耐著。但就像無法忍住大小便那樣，如果內心的情緒想法一直忍耐的話，就會不斷出現無法排泄的夢境。我即使離開爸媽，成為大人之後，還是會持續做著無法排泄的夢。

一般來說，我的想法和感覺無法表達，被壓抑住的原因是感受到不安。這是發生在我國小時候的事了。記憶中，我站在擺放食物的餐桌前，因為某件事情正在被母親責罵。雖然想不起來被罵的原因，但依然記得當時的感受。我覺得非常鬱悶，希望母親可以好好聽我說，但是母親不想聽。無法表達鬱悶心情的我，就像是為了示威一樣，坐在餐桌前，但拒絕吃飯。雖然做法消極，但這是我當時唯一能做的方式。「我真的很鬱悶。」我全身上下都在這樣說著，對心靈無法排泄表示不滿。

長大之後，我還是會做無法上廁所的夢。這些夢告訴我，自己依然像小時候那樣忍耐著。也就是說，當心靈需要排泄時，我還是那個坐在母親面前的小孩。每次要上廁所的時候，我都會感到不安，就像小時候母親不聽我解釋那樣，我自己阻礙了排泄。

我有尿意的時候，怎麼樣都找不到廁所。實在忍不住了，就在旁邊的米袋上尿了出來。尿完後，我才發現在袋子裡面裝著滿滿的新鮮活魚。

這是在夢境研討會中某位女性分享的夢。這位女性想起這個夢的時候，首先想到的是「總算尿出來了」。她說這個夢好像一個禮物。

我們每天都會產生許多想法和感覺，有些連自己都覺得過分或奇怪，甚至當覺得說出來會有危險時，我們也絕對不會說出口。

例如：有時候實在太討厭某個人了，會想那個人最好去死。或是看到某個人就充滿嫉妒，很想殺了對方。這時候，我們會認為自己明明是個好人，不可以讓別人知道內心有這種邪惡的念頭，於是就會開始壓抑。其實，我們並沒有想把這些邪惡的念頭付諸行動。而且，這是不論是誰都會產生的想法和情緒。

前面提到的那位女性，就是因為認同並接受了自己內心的某種想法、情緒之後，通過某個方式將其表達出來，於是夢中通過像是禮物般的滿袋新鮮活魚來展現這樣的改變。對於自己的想法、情緒，首先需要認同「我是怎樣想的，怎樣感受的」，接著去認同和接受。

作家金炯環雖然不是心理學專業背景，卻寫過不少關於心理類書籍。會變成這樣的契機，是因為他從小學五年級的時候開始寫日記。當時他的爸媽離婚，自己一個人過著寄宿生活，內心充滿憂鬱和不安，對於世界和爸媽也充滿了憤怒。於是，他開始通過寫日記來抒發自己內心的無奈。他在日記中寫滿了無法說出來的醜陋和髒話，下面是金炯環作家寫的自傳：

國小時，老師看過我的日記後，不但沒有責備我，反而支持我繼續寫下去，還頒了獎給我。甚至，還把我的日記展示在走廊上。如果沒有寫日記的話，我內在的憤怒可能無法排解，說不定還會做出不道德的行為。我持續寫日記直到讀大學時，才以寫作來取代日記。

危險或不愉快的想法、情緒等，如果無法通過某種方式表達出來，就會變成垃圾累積在心裡，進而影響到心靈。因此，如果要安全的把各種想法和情緒排泄出來，就需要有自己的廁所。

對於我來說，使用內心廁所的方法之一就是跟金炯璟一樣，寫日記。我開始紀錄夢境之後，也同時開始寫日記。寫日記的好處之一是安全。不論在日記中寫了什麼內容，都不需要擔心被檢視。同時也可以輕輕鬆鬆，不需要思考，隨心所欲的把內心所有想法通通吐出來。即使不是寫在日記本上也沒關係，在隨便一張紙上寫出內心的想法之後，再燒掉也可以。我曾經把想說的髒話全寫在紙上，可是自己會說的實在沒幾個，最後還用網路查，然後把查到的髒話全寫了一遍。這樣做之後，雖然感覺累積的氣憤好像有消失一些了，可心裡還是覺得生氣。於是，我用紅色簽名筆，把之前用鉛筆寫過的髒話，再寫一次，還罵出口。做完後，我的內心才真的感到痛快。最後，我把那些紙張在廁所內燒掉了，這是讓我痛快排泄的方法。

我的兒子和女兒現在雖然感情很好，但小時候經常吵架。特別是青春期的時候，吵得特別兇。當時，兒子常常因為女兒的過分言語而感到痛苦。不過，不知道從何時開始，兒子有些改變了。很久之後，兒子才告訴我們，他的祕訣是寫復仇日記。有一次實在太生氣，居然寫了五六張。不過，神奇的是這樣寫之後，不只氣消了，也讓兒子可以用理性的角度重新去看待這些事情。現在那些復仇日記成為了記憶中的日記了。

如果寫日記對你負擔很大的話，也可以繪畫或塗鴉。不管哪種方式都好，只要能夠讓內心不好的感受，不再累積或壓抑就可以，最重要的是表達出來。

如果以上提到的方法，你還是覺得麻煩的話，還有一個方法，就是對值得信賴的朋友或熟人傾吐。即使這樣的人只有一位也沒關係。對我來說，不論什麼事情都可以分享的人是我的妹妹。我們每週都會見一兩次面，分享彼此的事情。從去年夏天開始，我們每週都會去一次汗蒸幕。只要一杯咖啡的錢就可以自由自在的待在那裡。累積了一週的情緒垃圾可以好好傾倒，當然附加的價值是，在那裡還能泡個澡。

在回家之前，先洗個澡，幫彼此搓背，內心垃圾排放出來之後，把身體洗乾淨，這裡是療癒我和妹妹的情緒廁所。

為了可以健康的活著，排泄是多麼正常和自然的事情。但心靈的排泄因為看不到，讓人誤以為只要忍耐就沒事。但一直這樣下去，這些心靈的廢物就會變成看不到的暴力。因此，我們要不停的找出抒發的方法。不管用什麼方法，只要丟掉累積在內心的垃圾，我們在夢中自然也就能順利的上廁所。

沒有手和手被綁起來的夢

童話故事〈沒有手的少女〉講的是這樣一個故事：有一位很窮的磨房主人，到森林砍柴時遇到了惡魔，惡魔和他做了一個交易。惡魔提議，只要磨房主人在三年後，將位於磨房後的東西給自己的話，就讓磨房主人變成大富翁。當時磨房後頭只有一顆蘋果樹而已，於是磨房主人便答應了。三年後，到了履行交易的那天，磨房主人的女兒正巧待在磨房後面，於是她成為了父親與惡魔交易下的犧牲品。

惡魔要帶走磨房女兒的那天來了。磨房女兒對上帝非常虔誠，她把自己洗得乾乾淨淨，用粉筆繞著自己畫了一個圈，再用淚水洗淨雙手。惡魔無法靠近如此乾淨的她，便要求磨房主人砍掉女兒的雙手。無法不履行跟惡魔約定的磨房主人只好照做。

失去雙手的磨房女兒離開了家，歷經一番折磨遇到了鄰國國王，並成為國王的妻子。國王為沒有雙手的妻子打造了一雙銀手。不久之後，國王因為戰爭必須遠行，於是拜託自己的母親照顧妻子。國王離開之後，王妃生下了小孩。但由於惡魔調換了國王的信件，使王妃蒙上生下怪物的罪名而被趕出皇宮。王妃逃進森林了，並在那裡生活了七年。戰爭結束後，歸來的國王花了七年的時間，終於在森林中找到了王妃。在森林中，王妃的雙手長了出來。兩人回到宮中再次舉辦了婚禮，從此過著幸福的日子。

〈沒有手的少女〉中貧窮的父親因為跟惡魔做了交易，不得不砍掉女兒的雙手。在父權文化中，也曾發生為了不讓女性去做些什麼，就砍了女性雙手的事件。

夢工作者傑里米・泰勒（Jeremy Taylor）曾說過，全世界無數的女性都會做沒有手，或手被砍掉的夢。即便在現代，這樣的夢境依然常常出現在女性的夢中。

父權主義的歷史大約有七到八千年。在父權主義的文化中，女性的雙手也是屬於男性的物品，那是他們的所有物，所以當女性不順從男性，而想去做些什麼時，他們就會把女性的雙手砍掉。這樣的事件，在歷史上真實發生過。即使是現在，在父權主義依然強盛的地方還是持續發生著。

過去在孟加拉就曾發生過，丈夫因妻子想要上大學，而將妻子的五根手指砍掉的事件。

法新社（AFP）、英國〈衛報〉都有相關報導：

> 十五日住在達卡的男子拉菲秋・伊斯朗（Rafiqul Islam）（三十歲）因涉嫌砍了妻子哈瓦・阿赫塔爾米・朱伊（Hawa Akther

Jui）（二十一歲）右手的五根手指被警察逮捕。警察局長穆罕默德・布延（Mohammad・Bhuiyan）表示：「拉菲秋・伊斯朗的妻子已受過八年基礎教育，但卻未經丈夫允許決定要繼續讀大學。丈夫因為太過嫉妒才犯下這種罪過。」

在阿拉伯聯合大公國當外勞的拉菲秋・伊斯朗當時才剛回國，不管自己再怎樣勸阻，妻子依然決意上大學。拉菲秋・伊斯朗由於太過生氣，在這個月用膠帶封住妻子的嘴巴後，用刀子砍掉她的手指。其妻子透露：「醫生說假如在六個小時之內找回手指的話，便可以重新接回。但是丈夫卻拒絕交出手指，最後竟還被他的親戚丟到垃圾桶。」

要打造世界必須從雙手開始。雙手象徵著自我能力和創造力，也就說我們可以透過雙手，打造自己想要的人生。同時，雙手在某些層面上也代表選擇或決定權。

警察抓到嫌犯之後，為了不讓他逃跑，會將嫌犯銬上手銬。雙手被綁起來的時候，不管做什麼都會受到限制，當然也就沒有選擇的餘地。奴隸的手跟腳都是為了主人才能使用的，在父權主義的文化中，女性沒有選擇權和決定權。如果女性想要做選擇或決定的話，就會被砍掉雙手。選擇和決定屬於男性，女性只能聽從他們的決定，無法為自己的人生作出選擇。所有的決定都是由爸爸、丈夫、哥哥、弟弟來做。所謂「三從四德」中的「三從」就是「未嫁從父，出嫁從夫，夫死從子」。即便是現在，這些規範也被默默的套在女人身上，至少我就是這樣生活過來的。

手也可以用來表達。古羅馬的修辭家馬庫斯・法比尤斯・昆體良（Marcus Fabius Quintilianus）曾這樣說過：「用嘴巴可以做到的事情，手也可以全部做到。」手可以做到的表達和象徵非常多。手可以用來表示命令、保護、創作、約定、堅強、祝福、力量、威脅、厭惡、疑問、拒絕、開心、傷心、告白、懺悔、數字、時間、猶豫、興奮、禁止、驚訝、羨慕、髒話等[1]。

因此，失去雙手的話，也就無法表達自己的意見或想法。失去了表達的方法，自然也就發不出聲音。

結婚之後，我做了好幾次沒有手腳或是手腳被綁起來的夢。我先前曾提過，在公婆家，女人是不能參與決定的。家裡所有大小事情，全部由男人們討論過後做決定，女人只能聽從。公婆家中所有活動，我從來沒有表達過意見。順位排在最後面的媳婦，只要聽從差遣就可以了。

1 出自J・C・庫珀（J・C・Cooper），《圖解傳統象徵符號百科全書》（*An Illustrated Encyclopaedia of Traditional Symbols*）

不只是我跟公婆的關係如此，我跟丈夫的關係也是如此。公婆家的女人們全都得順從丈夫過日子。我認為自己跟公婆家的女人們不一樣。但其實只是表面上看起來罷了，因為我也只是嘴巴上說說，但最後都是順著丈夫的意思行動。因為這麼做，內心會比較舒坦。

幾年前，我跟關係不錯的同事約好去印度旅行，於是我們一起存了一整年的旅費。等到要去旅行時，正好是女兒讀高三前的寒假。丈夫認為女兒快要讀高三了，身為媽媽怎麼還去旅行，便叫我不要去。女兒認為自己的課業跟媽媽的旅行完全沒關係，便鼓勵我去。可是丈夫還是堅持反對。當時我也覺得去旅行又沒什麼，於是就先繳了訂金。可是，慢慢的不知道為什麼，自己突然不想去了，我說服自己，以後還是會有機會去。女兒就要讀高三這件事情，一直讓我很掛心。最後，我覺得身為媽媽，應該陪在女兒身邊而放棄了旅行。

表面上我可以自己做出選擇和決定，但其實我還是聽從了丈夫的話。如果做了丈夫不喜歡的事，我就會莫名感到不安心，也會覺得那樣做似乎真的不好。就像不聽父親話的女兒那樣，心裡很不安。

即使成為大人，可以做決定的雙手，如果被砍了或是被綁起來，也無法做任何事，只能乖乖的順從。和公婆、丈夫相處的我，就像是沒有手腳一樣。

我跟公婆提出媳婦辭職信後，從此再也不是誰的媳婦，可以完全為自己而活。這就像是儀式般的行動，代表了我的決心。從此我不再是在公婆家裡那個，聽從男人決定且需要依賴他人的女人。我之後的人生將由我自己作主。

可是，比起可以自由使用雙手的喜悅，我感受到更多的是不安和害怕。每當我要做選擇或決定的時候，都會產生莫名的罪惡感。使用（聽從）我的手（決定），好像是不對的。我開始害怕使用自己的雙手。最大的原因在於，選擇之後自己必須承擔那個責任。只是聽從他人的決定來做事，自己當然不用負責。可是自己做決定的話，就必須負起責任，我因此感到恐懼。萬一做出錯誤的決定怎麼辦？我害怕去承擔那個不好的結果，還有也害怕因此而被責備。

第二個原因是罪惡感。就像乖小孩認為自己一定要聽父親的話那樣，絕對不可以做自己想做的事情。乖小孩就像沒有手的少女，只能在命運面前一直流眼淚，即使是為了自己，也不可以去抓住什麼。

作為一個女性想要過自己的人生，首先必須離開父親的領域，不能再當聽從父親的話的女兒，而是意識到自己是可以承擔責任的成人。一次也沒有承擔過任何責任的人生，自然需要練習。沒有手的王妃，在森林通過七年的時間，練習為自己的人生負責任。因此，才會長出健康的雙手。

從森林中再次獲得雙手的王妃回到宮後，跟國王再次舉辦婚禮，從此過著幸福快樂的日子。之前的婚禮是為「沒有雙手的少女」舉辦的，這次是為找回雙手「堂堂正正的成人」舉辦的。國王和與自己具有同等力量的王妃在一起，為接下來的人生做出選擇和決定，共同承擔責任，宮中的一切事物兩人一起決定和負責，像這樣關係平等的兩個人才是幸福生活的基礎。

關於死亡的夢，新的開始

自殺、殺人、死亡或被殺的夢，會出現在人生需要變化和成長的階段。上了年紀之後，死亡或生病是自然的現象，但殺人或自殺卻是有意識、有意圖的行為。因此，夢到自殺或殺人的話，代表生活中遇到了巨大的變化或成長，是需要根據自己的意識去選擇並完成的。夢工作者傑里米・泰勒表示，做這種夢的意義重大。在現實生活中，要發生巨大變化時，如果不把過去的自己殺掉，難以產生變化和成長。

蛇在長大的過程需要脫皮，就像換上新衣服似的。毛毛蟲必須結成繭，才能變成蝴蝶，飛往外面的世界。這些道理都是相同的。蟲自繭中要出來的時候，必須把過去毛毛蟲的模樣丟棄，人類不是這種會改變形態的動物，因此無法從外觀來判斷。但是當發生成長和變化的時候，則經常會做殺掉自己的夢。

傑里米・泰勒曾跟酒精中毒者一起探索夢境。酒精中毒者要戒掉酒精是一件非常困難的事情，不過在戒酒的過程中，他們如果夢到自殺的話，傑里米・泰勒就會確信的說：「這個人這次一定可以成功！」因為這代表著這個人在潛意識的深處具有堅定的意志，這意志在吶喊著：「我再也不要當一個酒精中毒者了。」這時他就會做關於自殺的夢。

不論是誰都想成功戒掉毒癮，但戒毒真的一件痛苦到極致的事情。特別是當本人努力後，還戒不掉的話，會變得更加憂鬱。當他深陷痛苦深淵時，也會給家人和周遭的人帶來不幸。一直失敗，便會感到極度悲哀，心裡想著：「真的再也活不下去了。」也就是在這時候，夢中會出現自殺。因為此時的他，非常渴望變化和成長，似乎真的只有殺了自己，才有可能重生。

不只是中毒者，一般人也會有類似的過程。每個人好像都有屬於自己的中毒事件。因為太過寂寞，再也不想這樣活下去，但痛苦的生活一再反覆，讓人更加憂鬱。這時候絕對不可以假裝看不到自己的憂鬱，因為這負面的情緒是可以把我們從谷底拉上來的原動力。憂鬱的時候，為了轉換心情就去看電視、喝酒、吃美食，或做其他有趣的事，這麼做並無法根除憂鬱。

只有殺掉象徵過往的毛毛蟲，才可以變成蝴蝶重生。毛毛蟲和蝴蝶的人生是天跟地的差別。翅膀象徵脫離過去，向上飛翔。將過去的習慣、價值觀、信念全都丟開。只有殺掉過去的自己，才可以變成全新的自己且獲得真正的成長。但我在要殺掉毛毛蟲的時候，因為過於害怕，反而常常夢到，自己為了活下去而逃避或逃跑。

- 我一定要死。可是我為了不想死得太痛苦，於是打算跳向在高速公路上奔馳的車子，好死得痛快。車子的速度快得令人害怕，我心想，就是這個時候了。可是那個瞬間實在讓我太過於恐懼，所以當車子快撞上時，我本能的跳開來。最後還是沒死。

• 人們為了去死，正在排隊。我也排在隊伍中。可是快輪到我的時候，我越來越害怕。排在我前面的只剩下一位，下一個就輪到我。我心想還是等等再死好了，於是逃開跑到隊伍的最後面。

即使是在夢中，死亡出現在我面前時，那感覺還是真實得令我發麻。好像在夢中真的死掉的話，那現實生活中的我也會跟著死去，從此我就會在這個世界上消失。正因為這種感覺，我在夢中常常無法死掉。

夢見死亡，就是為了要告訴自己，必須殺掉那個軟弱無能的我、莫名的罪惡感、讓我痛苦的負面形象、不合理的偏見、習慣和價值觀。只是要拋下長久以來一直那樣生活著的自己，並不是件容易的事。我內心渴望消滅那些讓自己痛苦的壞習慣，但它們已經內化成身體的一部分，即使知道這樣會不幸，還是無法拋下。這時候，我們反而會抱著壞習慣不放手。所謂我的存在真的很頑強，明明知道只有脫下身上的破衣服才能夠換上新衣，可這些破衣服卻好像變成身上的血肉似的，根本脫不下來。

但迴避或逃跑別說減少痛苦了，反而會讓痛苦更加永無止盡。就像只有靠自己才能戒毒一樣，也只有本人才能中止這些反覆出現的痛苦。「真的不能再這樣活下去了。」只要有這樣的覺悟，才可以在憂鬱極致的時候，在夢中自殺或是死亡。

我做過從家中十四樓公寓往下跳、看到死掉屍體靈魂脫竅、撞上車子自殺、逃跑之後被槍殺以及被刀刺死的夢。

不論是誰都希望自己可以改變和成長，可是在死亡面前卻感到莫大的恐懼。一位四十出頭歲的女性，夢到丈夫死掉後，自己不知道該如何一個人生活而哭醒。醒來之後，因為太過害怕，還再三確認正在睡覺的丈夫是否平安無事。一般來說，做這種惡夢時，會認為一定是自己心煩意亂，才會做這種不吉祥的夢。

這位女性的先生，因為上班的公司運營不佳，突然關閉了。雖然找過其他工作，可是已超過一年都沒有消息，戶頭內的錢也快見底了。眼看著小孩的補習費，還有公寓的管理費都無法再拖欠，實在沒有其他方法，妻子只好自己出來賺錢。一開始，她也不知道自己可以做什麼工作，幸好通過熟人介紹，開始到課後輔導班教導小朋友。沒想到，這份工作非常適合她，做起來也相當有趣。於是，她就乾脆在自己家裡成立補習班，幫孩子課後輔導。

這位女性開始問自己，丈夫對自己來說有什麼意義。她的母親曾對女兒們說，可以拿著丈夫賺來的錢生活的女人，才是好命的女人。她看著母親一輩子作為全職主婦，漂漂亮亮老去的模樣，也認為丈夫才是一家的支柱。於是她理所當然的成為全職主婦照顧丈夫，也將小孩養育得健健康康。她認為這就是所謂的幸福人生。抱著這樣的想法過了十七年的女性，要再次賺錢，真的非常不容易。但萬萬沒想到，花著自己賺來的錢，居然能為自己帶來極大的力量。她還說當自己不依賴丈夫，可以賺錢之後，開始產生了自豪感，有一種人生重新開始的感覺。也因為這個契機，看到了自己跟丈夫之間的不平等，也發現像母親那樣，依靠丈夫生活的人生，其實也付出了看不到的代價。

同時她也意識到，母親覺得幸福的模樣是母親自己的價值觀，跟她的人生沒有關係。就像蝴蝶不可能再次變成毛毛蟲那樣，丈夫已經在夢中死掉，她不可能再次依靠丈夫而活，也明白自己不可能再回到過去。

我們在意識中會區分好的事情和壞的事情。卡爾・榮格有過這樣一個故事：榮格在路上遇到兩位朋友，其中一個朋友說，自己剛被公司炒魷魚，榮格對他說：「恭喜你了。」而當另一個朋友說自己在高薪的大公司上班時，榮格反而說：「真是不幸。」因為人得到高薪時，就會想要更多，也就會更加不顧一切逼迫自己賣命。

我所經歷的痛苦婚姻生活，說不定也是相同道理。正因為那些痛苦，才會有現在這樣堅強的我。就跟榮格說的：「恭喜你了。」是一樣的。如果沒有經歷那些痛苦，我不會渴望改變，更加不可能覺得需要殺掉過去的自己。

作為一個成人，為了可以發出自己的聲音，必須找到可以守護自己的力量。因此，殺掉過去那個軟弱且依賴他人的自己，是一定要做的事。從這一層面來看，夢中的死亡對於自己的改變和成長來說，是非常重要的要素。

第4章

我和你是照出對方的鏡子

我們是彼此的鏡子

童話故事〈白雪公主〉中有一面會跟皇后說真話的鏡子。皇后每天早上起床後，都會先問鏡子：「鏡子呀，鏡子，你說世界上最美的人是誰？」鏡子總是回答：「世界上最美的人就是皇后您啊！」然而當白雪公主的美貌開始展露後，某天鏡子卻回答：「世界上最美的人是白雪公主。」皇后因為嫉妒，所以打算殺死白雪公主。

我剛認識先生的時候，被他的踏實、從容、溫和還有誠實吸引。而我看起來擁有明確的信念和堅強的外表，同時單純和善良也深深吸引了他。先生自認為有點優柔寡斷，所以覺得個性跟自己相反的妻子，顯得很有魅力。當時我的人生看似掌握在自己手上，先生甚至認為，將來我們的小孩性格最好像我。我們彼此吸引對方，最重要的是我感覺先生喜歡這樣的我。只要兩人在一起，我只需要做我自己。我喜歡那樣舒適的感覺，也喜歡那樣的自己。

我們通過照出彼此的鏡子，看到自己美好的一面而感到幸福。但婚後，住在同一個屋簷下，我們馬上開始討厭起對方。不想讓對方看到的樣子，也開始讓對方一一看到。就像皇后想殺死公主那樣，我們彼此想殺死對方令人討厭的樣子。我們的心變得殘暴，也越來越醜陋。自身的痛苦原本該從自身尋找原因，但我卻認為一切都是先生的錯，而先生也認為是我沒有同理他。我們兩個人的心中開始累積憤怒和遺憾，慢慢走上不幸的惡循環。

心理學有一個術語叫「投射」。即是把自己負面的想法、情感、行動等賦予他人，卻否認自己是如此的現象。例如：我如果討厭對方，就會認為對方無緣無故討厭自己。我自己有父權主義的意識，就認為先生是父權主義者。就像必須透過鏡子才能看到自己那樣，我們無法看到自己內心的真實模樣，必須通過他人這面鏡子才能看得到。也就是說對方是我的鏡子，我們是彼此的鏡子。

《塔木德》中有一則拉比的故事：有兩個打掃煙囪的少年從煙囪走出來。一位少年因沾到煙囪內的煙塵，所以臉很髒，而另一位少年的臉卻是乾淨的。拉比問：「哪一位會去洗臉呢？」人們回答臉髒的少年會去洗臉。但拉比卻說：「不對，是臉乾淨的人會去洗。因為看到對方髒的臉，會認為自己的臉也髒了。」拉比又接著說，「兩位少年一起進入煙囪打掃，不可能一個是乾淨而另一個是髒的。兩個人都髒了，所以兩個人都要洗。」

煙囪內的兩位少年就好像住在同一個屋簷下的夫妻一樣。對方的樣子就是自己的鏡子。看到對方臉髒了，可以知道自己的臉也髒了。如果眼中的對方，是乾淨又美麗的，那麼我們也會認為自己的樣子很美麗。

如果每次看到對方髒的臉會想：「你的臉髒了，看來我也髒了，得洗乾淨。」那就可以成為成熟的夫妻。但如果想：「我很乾淨，只有你髒了。」那就是認為「我很好，都是你的問題，你錯了。」這種想法就是把錯誤推到對方身上。

就像拉比所說的，在煙囪內不可能有人髒了，但另一人卻是乾淨的。一起處在髒的地方，那兩個人一定都會髒。不只是夫妻，不論是哪種關係或問題，當發生矛盾時，不可能是誰對誰錯，也不可能是誰厲害誰不厲害。只有兩人一起分析問題或矛盾，才能理清頭緒。

不論是誰都會有投射現象。投射並非有意識的，也就是我們很難從投射現象中抽身，我們只會投射存在於潛意識的想法。從另一個角度來看，潛意識的想法沒有發生投射的話，那就沒有跟意識相遇的機會。因此，意識到投射現象後，我們能有機會看到自己真實的樣子。成熟的人透過對方會看到自己，特別是夫妻關係中最常發生投射，因為夫妻每天都處在相同的煙囪裡看著彼此。

我們夫妻沒有把結婚的第一顆鈕扣扣對，所以在過去六年中，我和先生一起把扣錯的鈕扣全部解開。因為我們需要恢復對方曾看過的那個充滿魅力的真實自己。所謂的夫妻是通過學習對方的優點，改善自己的不足之處，進而成長並找到人生的平衡點。

對於我來說，我缺少的從容、寬容、溫和等特質可以透過先生來學習，他也需要透過我，學習主導人生、勇氣、挑戰來提高自我成長。

我們每天在同一個煙囪內看到對方。每次看到對方的臉時，我們看到了什麼呢？有時候是骯髒的臉；有時候是美麗的臉。你看到的臉正是你自己的臉，我們要謙遜的認同通過對方所看到的樣子，這一點非常重要。因為那就是接受自己的方法。當你認同對方的樣子之後，指責對方的手指頭才會放下，進而在自己身上找出問題的真正原因並解決。只有這樣才是對自己負責的人生，也才能邁向自由平和的人生。

在夢中常出現的人

電影《愛上變身情人》的女主角，每天都會遇見一位變成不同模樣的陌生男子。男人無法跟女主角說明，為什麼自己每天都會變成不同的模樣，就連他自己也不知道原因。男人每天醒來之後，可能會變成老奶奶、小孩、外國人或沒有頭髮的中年男子等。因為每天的樣子都不一樣，所以無法跟所愛的女主角持續見面，因為這會讓女主角陷入混亂。

朱智洪導演的電影《因為愛》講述一位男子（車太鉉飾），因為發生交通事故，靈魂竟進入其他人身體。男主角一開始進入了懷孕的高中女生的身體，後來又陸續進入了其他人的體內——正在遭受夫妻危機的中年男子、已經是大叔的單身男子、罹患失智症的老奶奶……。男主角根本不知道自己是怎麼進入他人體內，當然也不知道該如何離開，所以不得不在這些人身體內一起生活。

這種事情並非只是電影中的假想情節而已。在我們的內在世界裡也會發生。每天早上醒來之後，直到睡覺之前，我們遇見許多人，碰到各種狀況，難道都是用始終如一的「我」去面對嗎？

去教會或寺廟的我，跟去公園的我會一樣嗎？見到老闆的我，跟遇見發傳單的人的我，還有參加國小同學會的我，完全不同。在塞車嚴重的上下班高峰期開車的我，和去旅行時打開車窗在高速公路狂飆的我，絕對不會一樣。

在我們體內的我實在太多了。只是這樣多的我不得不通過同一個身體來行動和表現。雖然是我，但是一天之內會有各式各樣的我出現。甚至我們根本沒有意識到有哪個我出現又消失了。某一瞬現可能變成暴力怪物的我，根本看不到瀟灑的我。

在現實中看不到自己的其他樣子，可以透過夢看到。明明是男人，卻夢到自己即將臨盆，或變成任性的孩子、失智老人等。當然有時候，也會在夢中發現自己是牛、馬或貓。在夢中看到自己變成狗，坐在沙發上對著人們狂吠。或是像卡夫卡的小說《變形記》中的男主角那樣，一覺醒來變成一隻巨大的甲蟲，也可能夢見自己變成如房子般的大黑色蚊子。

你的夢中有經常出現的人嗎？如果有，那個人可能就是我們在現實中潛意識顯現的樣子。例如：在我的夢中常常出現A。A是住在同一個社區，跟我一直來往密切的鄰居朋友。我經常跟A去旅行，A有自己沒察覺的另一面，那就是她充滿擔心和不安。跟媽媽同住的A在旅行途中，常常打電話回家，因為她總會擔心家裡的寵物（倉鼠和狗）過得好不好，也會擔心已經是國中生的兒子是否有做作業，有沒有去補習班等。A認為少了自己提醒，家人可能會忘記餵寵物，甚至忘記要去補習班、寫作業。身體出來旅行了，整個心還在家裡。不管多棒的旅行，對於A來說，一出來旅行就會變得不安，恨不得馬上回家。可是在家的時候，因為太鬱悶，所以又忍不住規劃旅行。即使花了錢和時間來到很棒的地方，本人根本不存在於「現在這個地方」。

每次看到A因為擔心和不安而無法好好享受旅行時，我都會感到極為惋惜。像這樣充滿擔心和不安的A，常常出現在我的夢中，因為A的樣子就是我的另一面。

討厭的人或不喜歡的人常常出現在夢中也是相同道理。有個人特別討厭同學中的某位。因此，每次有同學會的時候，都會事先確認那個人會不會來，再來決定自己要不要參加。

他討厭那位同學，總是自認為高人一等、愛抱怨和嘮叨。可是這位討人厭的同學卻常常出現在自己夢中。現實中已經討厭到特意迴避了，居然還在出現在夢裡，實在讓人火大。

其實他所討厭的同學會常常出現在夢中的原因是，那特質正是自身不曾察覺的另一個樣貌。唯有透過那位朋友才可以讓自己看到，自認為高人一等，還有愛抱怨的樣子，其實也是自己的樣子。

有一次當他在聚會中跟其他人抱怨那位的同學時，聽到了衝擊性的回答：「說真的，你也跟他差不多！」

他想都沒想過自己也給人那種感覺。因此，當他聽到這句話時，打擊很大。我們在跟其他人見面的時候，也會不自覺帶給別人麻煩，但自己卻不知道。這時候，在夢中最可能讓自己看清楚的，就是自己討厭的人了。

有一位老闆開了間小公司。老闆在公司非常專制獨裁，可是他卻認為自己很民主，對員工們照顧有加。他早上會跟員工們開會，不管再忙，也會抽空聽員工的意見。他本人也對自己這麼做，感到自豪，但員工們卻難以忍受。因為老闆雖然會詢問意見，但提出後老闆卻會以自己的標準去評論，並且長篇大論的指出意見中哪裡有問題。最後，每次都還是根據老闆的意思做決定。

慢慢的，員工們不再願意發表自己的看法。此時，老闆反而教訓員工沒有主見，再自然的誇讚自己是多麼民主的人，多麼的努力工作和生活。甚至強迫員工也要像自己這樣生活，如果員工做不到的話，就會對他很感冒。就這樣，員工們因為受不了，一個一個離職了。

這情況在家庭內也是如此。就像在公司管理員工那樣，他在家裡也對家人十分獨裁，會強迫家人遵照他的意思。例如：星期日早上也要六點起床。如果孩子想再睡晚一點，就會大聲斥喝他們懶惰，怒斥他們該如何在這個世界上生存。於是，當爸爸在家的時候，孩子們都會把自己關在房內不出來。最後，連妻子也受不了丈夫的固執，以及完全不聽他人意見的獨裁，離家出走了。直到那時，他才開始慢慢看到自己的問題。

我們每天出門前，可以透過鏡子看到自己的樣子。看看臉或衣服上有沒有沾到什麼，看看前後有沒有異樣才會出門。同樣的，我們內在的樣子也要通過內在的鏡子來觀察。

我剛開始紀錄夢的時候，經常做一個夢。在夢中我的臉因為太久沒有洗，滿臉都是泥垢。現實生活中，雖然我每天都會洗臉，但從來沒有在意內心的臉，才會讓臉髒成這樣而不自知。

夢中出現的人是為了告訴我們「我是誰」才會出現的。通過他們，我們可以看到自己看不見的樣貌，以及全然不知的問題。

通過改變主語來面對自己

小時候看過一部很有趣的電視劇叫《無敵浩克》。主角浩克平時是個平凡且風度翩翩的人，可是只要一生氣，就會變成自己也無法控制的怪物。

當暴力的怪物闖完禍後，浩克會再次變成平常的自己。如果我們看不到存在自我內在的浩克，就會讓浩克不停的出現，進而傷害我們身旁的人。

再次回到電影《因為愛》。男主角通過鏡子或玻璃發現自己附身在其他人的身體裡。當他看到這個不可思議且令人難以相信的事時，知道那不是自己，可是又不知道怎麼離開。直到在一次偶然的機會下，他幫忙解決了他所附身的那個人的問題，才發現只要有愛（接受原本的樣子）的話，他就可以從那個人的身體擺脫出來。

在夢中出現自己不喜歡的人的時候，想知道為什麼那個人會出現，以及找出意義的方法也是類似。做夢的基本原則就是投射。神話學者同時也是夢的分析家高慧晶，根據傑里米・泰勒的理論，在國內開創了「夢投射團體」。運作的方式是將好幾個人組成一個小組，大家圍坐在一起探索與分析夢。這個方法對於剛開始分析夢的人來說會比較難，會需要花更多時間才能夠瞭解自己的夢。在本書中，我會介紹一種具體且實用的鏡子方法來幫助大家。

鏡子方法的作用是，幫助我們將透過夢得到的智慧，簡單的傳達出來。我的人生中，最大的痛苦是不知道自己是誰。想了解自己，首先要先知道自己的「影子」和「內在的力量」。這個方法可以讓我們簡單的了解「我是誰」這個最基本的問題。鏡子方法是可以看到自我內在的方法之一，也是最實用的。就像照鏡子那樣，夢中出現的人也是為了映照出自己。即使是不了解夢的人，也可以像照鏡子那樣看到自己真實的樣貌。鏡子方法不只適用於夢境中出現的人，在生活中遇到討厭的人的時候，也可以使用，這也是接受自己的方法。

第一，接受在夢中出現的對方的樣子就是「自己」。把對方討厭的三個樣子寫下來。以前面的夢境為例：

・朋友在聚餐時總自認為高人一等。
・朋友很愛嘮叨。
・朋友很愛抱怨。

這些樣子就是照出我們的鏡子。因此，把主語從朋友改成我來看看。

↓我在聚餐時總自認為高人一等。
↓我很愛嘮叨。
↓我很愛抱怨。

把主語換成自己時，首先你會產生抗拒感。因為不管怎樣看，你都覺得自己不是這種人。（這個時候，可以問問一起聚會的其他朋友，就會知道自己是否真是如此。）當我們越認定對方是「自認為高人一等」的人時，就越難接受自己也是這樣，甚至會產生強烈的反感：「怎麼可能！我絕對不是那樣的人。」

要接受那個討厭的樣子其實就是自己，是極為不容易的。因為基本上我們都認為自己是不錯的人。如果表現出那些不好的一面，會不受大家歡迎，所以，把那些通通放在潛意識深處的倉庫內鎖起來了。因此，我們會以為自己沒有那些不好的樣子，但卻會投射到他人身上。潛意識中發生的事情只是我們沒有意識到而已。接受自己並透過鏡子瞭解那些討厭醜陋的樣子，其實就是自己，然後心甘情願的去包容。

再次回到我的朋友A。讓我感到惋惜的A的問題，其實也是我的問題。因為A的樣子是照出我的鏡子。因此，把主語換成「我」。

・A認為小孩一定得要自己才有辦法照顧好。
・A被家束縛住了，不論去哪都無法放開心去玩。
・A很容易擔心和不安。

↓

・我很容易擔心和不安。
・我被家束縛住了，不論去哪都無法放開心去玩。
・我認為小孩一定得要自己才有辦法照顧好。

這就是我的樣子，我真實的樣子。把夢中的對象換成是自己之後，只要仔細觀察，不久之後就會看到真實的自己。

第二，要知道對方的問題也就是我的問題，這樣才能解決問題。

我對A的擔心和不安感到惋惜，其實也是在對看不到的自己感到惋惜。為了解決這個問題，必須先找出自己何時、在哪裡有過那些樣子。

「我什麼時候會最容易感到擔心和不安呢？」

「我被家束縛住無法享受生活，是什麼讓我的心不踏實呢？」

「為什麼我會認為小孩不是我照顧的話就不行呢？」

把關於對方的問題拿來問自己，靜靜的回想就會找出自己何時有過那些樣子。

為了放下擔心和不安，我要找出我正在擔心和不安的是什麼。

首先，我發現自己對孩子們抱持著「身為媽媽的我應該幫助孩子」的想法，甚至連很小的事，也會替他們擔心。被家務束縛住的我，無法安心和集中心力做自己的事情。這不是物理上的距離，而是我的內心離不開家裡的事。還有，我在潛意識中認為那些事情不是我的話，就無法好好完成。A就是照出真實的我的鏡子。

韓國人氣電視劇《請回答1988》中，羅美蘭要去釜山的娘家住幾天。但是她擔心「如果我不在家的話，這個家一定會亂七八糟。」可是就算她不在家，丈夫和兩個兒子也過得很好。那麼讓羅美蘭不安的原因是什麼？因為她自認為自己是家裡重要的存在，是有價值的存在，害怕失去這些才會感到不安。其實是想要由此來證明自己是有價值的。我的擔心和不安也是如此，害怕自己不能成為對家人來說重要的存在而不安。

事實上，我不在的時候，孩子們做得更好。不，是我必須不在，他們才有機會做得更好。因為自己的不安而建造了小小籬笆圍住孩子們，以至於讓他們無法好好發揮自己的能力。

對方可以照出我的樣子，因此對方的問題，其實就是我的問題。當我接受這一點且解決這些問題後，我才再次找回自己。就像電影《因為愛》的男主角，總算從他人身體逃脫出來，再次回到自己的身體那樣，我的夢中再也不會出現那個人。也就是說，透過投射一步步走向成熟。每次有討厭的人出現在夢中的時候，接受那個人的樣子就是自己，並且努力解決那些問題，這樣才不會浪費時間。當對方的樣子要在你的夢中消失時，有時候會夢到死亡。夢見死亡即表示，那個自己內心不喜歡的樣子被消滅了。

我很厲害也很優秀

發現自己內在的力量真的非常重要。我們只要活著，就會遇到如波浪般湧來的大小問題。每次遇到這些難以解決的問題時，能否克服或許就要看我們知不知道自己內在的力量。

我們以為英雄只會在電影中出現，或是那些天生具就超凡能力的只是少數人。其實，英雄就在我們的內心。我們就像神力女超人、超人那樣具有神奇的力量，只是被長期放在內心深處的倉庫內，並被我們用鑰匙鎖起來了。於是，我們邊說「我沒有、我不行、不可能。」一邊逃避問題邊活著。因為我們連自己是誰也不知道。

我們不只是把不好的一面放在倉庫內，就連自己優秀的特質也一起放進去了。心理學者埃里克・伯納（Eric Berne）曾說過：「我們每個人出生的時候都是公主或王子，只是我們的父母把我們當成青蛙來養。」這裡所說的公主或王子並不是指有公主病或王子病的人，而是指每個人出生時，就具有優秀且健全高貴的特質。

我們出生時，自然不知道自己是誰。可以告訴我們是誰的人就是父母。父母在教導小孩時，並不是通過「語言」而是「態度」。通常父母都會覺得自己的小孩很可愛，認為和孩子在一起是世界上最幸福快樂的事情。當父母用這種心情看小孩時，小孩也會認為「啊，我是非常珍貴、可愛的。」可是，若父母看待孩子時，表情憂鬱且黑暗。孩子就會認為是不是自己有什麼問題，心想：「我一定不夠好，是沒有價值的人。」於是，孩子會慢慢認定自己就像是卑微的青蛙一般，把自己優秀且高尚的特質，全部藏在內心深處的倉庫，因為他們會認為那不是自己。

在夢中不只是會出現自己討厭或不喜歡的人，也會出現平時很喜歡、很羨慕，覺得優秀厲害的人。就像討厭或不喜歡的人是一部分的自己那樣，優秀厲害的人也是自己看不到的另一個樣子。

因為沒有直接就能看清內在的鏡子，所以讓我們羨慕的人，也是一面讓我們看到自己的鏡子。如同難以接受那個討人厭的樣子就是自己一樣，要欣然接受令人羨慕的樣子也是自己，並不容易。因為不管再怎樣看，都覺得自己沒有那些特質，只有羨慕罷了。

羨慕也是一種痛苦。羨慕他人時，你會覺得自己不可能變成那樣的人，也會暗示自己並沒有那些特質。覺得不管自己再怎樣努力，也不可能變得那樣優秀，自然會痛苦。但其實這是錯誤的認知。

《伊索寓言》中有這樣一則故事：一隻狗嘴裡咬著一塊肉走在橋上時，看到河水中有另外一隻狗。河中的狗也咬著一塊肉，那塊肉看起來比自己的肉還大。於是狗對著河水中的狗狂吠，想要吃那塊肉。結果肉就這樣掉到水裡了，牠不知道河中的狗其實就是它自己的倒影。

我們所羨慕的他人樣子，其實就是倒映在河水中的自己模樣。一味羨慕他人，就會失去自己口中的肉。我們必須意識到那些特質，其實我們自身也有，進而去發掘自己擁有什麼。接著好好磨練，讓那些特質變成自己的。

那要怎樣做才能擁有那些令自己羨慕的特質呢？通過鏡子就可以看到。

首先回想一下夢中出現的人中，有哪些人是你覺得厲害和優秀的。接下來，把他們厲害的特質，或你喜歡的事情寫下來。這就是照鏡子的方法。

我以自己為例來說明。我身邊有一位讓我很尊重的人，那就是我妹妹。我跟妹妹因為住在同一個社區，所以常常見面。妹妹常常出現在我夢中。每次看到妹妹，我都會覺得她很優秀。最讓我羨慕的是，不管遇到多難的問題，她總是毫無偏見或成見，也不會誇大事實或偏頗，心平氣和中立的去解決問題。明明父母相同，但我和妹妹實在太不一樣了。

我以前會認為「妹妹生下來就比較健康、妹妹的心胸原本就比較寬大等等，所以當然能那樣。我性格不是那樣，所以做不到。」如今回頭看，其實這些都是我的藉口。我所羨慕的妹妹的那些特質，我早就擁有了。只不過，我從來沒看過，也不知道自己擁有。因此，我才會只是羨慕妹妹，從來沒想過要努力讓自己也擁有那些特質。其實光想就覺得厭煩了，更明確的原因是懶。因為只要認為我跟妹妹不一樣，那遇到難題時，我就可以不用去面對。但現在我發現了那個看不到的自己，想要接受那些令人羨慕的特質，自己也是擁有的。

第一階段：在現實生活或夢中出現的人中，寫下三個讓你羨慕的特質或喜歡的個性。

我看到妹妹的時候，以下三點讓我最為羨慕：

- 不管遇到什麼難題，都不會沮喪，會集中精神把問題解決。
- 能夠看到問題的整體和分析局部的觀點。

・不害怕失敗，認為通過實際行動就能學到人生的智慧。

第二階段：看鏡子。把對方的樣子換成「我」。（只要把主語換成「我」就可以。）

・我不管遇到什麼難題，都不會沮喪，會集中精神把問題解決。
・我能夠看到問題的整體和分析局部的觀點。
・我不害怕失敗，認為通過實際行動就能學到人生的智慧。

這些樣子就是通過妹妹看到自己潛在的模樣。

第三階段：理解自己。沒辦法那樣做（或不做）的理由是什麼？

從小母親就常常跟我說，我的身體不好又很膽小。聽這些話長大的我，也慢慢相信，自己是一個身體不好且膽小的人。因此，只要遇到一點點困難，我就會認為自己做不到，來逃避問題。小時候，我經常做逃跑的夢，當時我並不了解自己的問題。

第四階段：我什麼時候曾表現過，我所羨慕的那些特質或行動？

在夢中或現實中如果出現了讓你羨慕的人，那個人就是你看不到的另一個自己。因為無法察覺，所以只能從潛意識中尋找。

只是逃避的話，問題並不會消失不見，只會越來越嚴重，最後誰也無法承受。為了改變我對自己「原本就體弱膽小」的固有想法，需要極大的勇氣。只是內心想著要改變，但身體卻縮成一團根本不動。那些逃避之後，累積成堆的問題，必須抱著必死的覺悟一個個來解決。像媳婦辭職信、要求離婚，都是我覺得自己不可能做得到，但鼓起勇氣去做的事。同時，透過這些行動我也學到了人生智慧。雖然還有很多問題等待我去解決，但在這些過程中，那些令人羨慕的特質，慢慢的在我身邊被開發出來，也慢慢的成為我的信念。

第五階段：我要怎樣做？

我們分允許和行動兩個部分。首先是「允許」，從他人身上看到的優秀特質要「允許」自己也可以擁有。之所以會覺得自己絕對沒有，絕對做不到是因為，這些是被潛意識禁止出來的特質。

允許的方法是說出「我具有______的資格。從現在起，我要接受這個事實。」這是讓自己接受的宣言[1]。

1 「我具有______的資格。從現在起，我要接受這個事實。」這個治療方法使用露易絲・賀（Louise L. Hay）《創造生命的奇蹟》（*You Can Heal Your Life*），方智出版。

「我具有不管遇到什麼難題都能把問題解決的資格（能力）。從現在起，我要接受這個事實。」

「我具有能夠看到問題的整體和分析局部觀點的資格。從現在起，我要接受這個事實。」

「我具有不害怕失敗，且通過實際行動能學到人生智慧的資格。從現在起，我要接受這個事實。」

有時候會忘記自己已經允許了，又不知不覺去羨慕別人。這時候，要再次對自己大聲說出這些話，再次提醒自己已經「允許」了。告訴自己這才是真實的自己，告訴自己絕對不要忘記。這也是找到自己的必經之路。

接下來就是「行動」。允許自己也具有那些優秀特質後，就要付出行動。行動是最重要的，「知識」的養成需要實際的「行動」。當出現問題的時候，信任自己且鼓起勇氣去做，就是行動。只有通過行動和實踐，才可以強化內在的力量。

我要從一個逃避問題的人變成挑戰問題的人。因為透過解決一個個的問題，可以確認自己是有力量的人，可以從軟弱依賴他人的習慣中擺脫，成為一個自由獨立的成人。

羅伯特・A・約翰遜（Robert A・Johnson）的作品《承認你自己的陰影》（*Owning Your Own Shadow*）中提到，「要拿出藏在自己內心壁櫥內的醜陋骷髏還算容易。要人們找出自己內心的黃金，並變成自己的東西，反而會讓人感到震驚。」也就是說比起發現自己不好或不足之處時，發覺自己具備的高尚特質，更容易讓人陷入混亂。

忽視自己內心的黃金跟忽視自己內心的怪物是一樣危險的。因為覺得自己不夠優秀，也沒有那個能力，或是現在去做太晚了，便會將希望放在其他人身上，好代替自己成為英雄。這樣的想法可能會加諸在親近的人、朋友、同事、伴侶，特別是自己的孩子身上。於是，這樣的父母就會對孩子們說：「我會全力給你所有資源，你來幫我完成我做不到的夢想。」從另外一面來看，其實是自己懶惰不想努力。羅伯特．A．約翰遜表示，當我們發現自己如同金礦脈的潛在能力時，會因為感到麻煩而不去開發。就像我們即使發現自己具備跟世宗大王或申師任堂相同的崇高特質，也不想積極實踐。因為比起努力實踐，在遠處尊重和景仰他們是更加輕鬆的事。

我們內心深處最大的恐懼不是自我不足，而是發現我們擁有巨大力量。我們害怕的不是我們的黑暗是我們的光明。請好好的問問自己：「我可以成為優秀傑出且才華洋溢的厲害人物嗎？」以及「做不到的理由到底是什麼呢？[2]」

2 出自瑪麗安娜．威廉森（Marianne Williamson）《發現真愛》（*A Return to Love*）

從內心開始解脫

電影《神鬼第六感》比《靈異第六感》更讓我感到衝擊。葛瑞絲（妮可・基嫚飾）是位住在古老莊園的女主人，丈夫因為上戰場死了，她獨自一個人照顧患有懼光症的兩個小孩。莊園裡常常發生奇怪的事，傭人們一一消失。葛瑞絲害怕會有幽靈出現，所以門都上兩道鎖，所有的窗戶都要掛上黑色的窗簾。葛瑞絲活在不安和恐懼中，她感覺家裡有幽靈，可是又想否認這個想法。當真相慢慢浮現之後，葛瑞絲發現原來自己跟孩子才是幽靈。

讓葛瑞絲感到恐懼的原因是，不知道自己家裡是否有幽靈。但沒想到幽靈居然是自己和孩子。知道事情的真相之後，葛瑞絲依然不願意接受。她邊哭邊說：「這是我的家，我的家……。」一身為幽靈的葛瑞絲始終不願意把這個房子讓給活著的人類。

看這部電影時，我跟隨著漂亮的妮可・基嫚一起感受莊園的詭譎氣氛，直到最後真相揭曉，我跟妮可・基嫚一樣備受衝擊。當我們面對人生的真相時，所受到的衝擊感或許就是如此吧？

婚前，我上班的公司中，有一位我很討厭的同事。早上醒來，只要一想到她，我就不想去上班。如果公司沒有那位同事，我的職場生活應該會很順遂，我也會更加懷抱著感恩的心去上班。可是現實生活並非如此，所以我過得非常痛苦。

那位同事是通過關係進到公司的，正好被分配到我們部門。一般員工都是通過正常的求職管道入社，對工作也都相當負責。可是她因為太容易就找到工作，所以根本不認真，也沒有責任感。比起工作，她更加注重自己的外表。每天上班後，會花兩到三個小時化妝，要下班前又再花兩到三小時化妝，剩餘的時間用來假裝工作。下班時間一到，她總是第一個離開。

但是這個讓我討厭的同事的樣子，其實就是我自己。當我了解投射心理之後，我發現她照映出的是我的樣子。這個衝擊對我來說太大了，我認為自己跟她是完全不一樣的。

大衛・芬奇（David Fincher）的電影《鬥陣俱樂部》中，人生陷入混亂和焦慮的男主角（愛德華．諾頓飾）在飛機上遇到跟自己完全不同的男人（布萊德．彼特飾）。這個男人正直帥氣，具有不懼怕一切的勇氣，行為毫無顧忌且好鬥。男主角就像朋友、影子般如影隨行的跟著那個男人。之後，他才知道那個男人其實就是自己。所有人都知道的事實，只有他不知道。因為他覺得那個男人跟窩囊膽小的自己完全不一樣。

我上班的時候，那位女同事就是照出我的鏡子。如果我沒有那樣，是絕對不會這樣想的。我看到的那位女同事的樣子，和其他人並不相同。每個人照出的都是自己內心的樣子。當我知道其他同事對那位女同事的觀點跟我不同時，我更加痛苦。我討厭她討厭到不行，可是其他同事卻好像若無其事一樣。真的是太奇怪了。甚至還有人覺得她是個風趣的人，說她看起來很可愛。我實在太希望大家看清楚她的真面目，跟我一起分享這份痛苦，有時候會不動聲色的說說那位女同事的壞話，可是其他人卻覺得沒什麼大不了，只有我一個人過得很痛苦。

當我們極度討厭一個人的時候，表示我們的內心有一個被隱藏起來的真相。我們的心越痛苦，就會跟電影一樣受的衝擊越大。因此，不管我們因為哪個人而痛苦，都需要去看出其中的真相。因為只有這樣，才能讓我們擺脫痛苦的鑰匙。

第一階段：寫下不喜歡那個女同事的三個樣子。

・比起公司的工作她更注重打扮外表。
・她什麼事情也沒好好做，但還是每個月領薪水。
・她沒有責任感，只是來公司消磨時間。

第二階段：我每次看到她的時候，內心產生的批評聲音是什麼？每次有這些聲音時，我的感覺（態度）是什麼？

・「為什麼那樣活著！」
・「那樣每天摸魚，還每個月照領薪水！」
・「從沒看過她認真工作過。」
・（感受）整個人怒氣都來，也非常鬱悶。很想對她大聲責備：「妳不可以那樣！」

因為我釋放出討厭的能量，自然離她越來越遠。她即使過來跟我說話，也會特意保持距離。

第三階段：看鏡子——面對真實。

把「她」的樣子換成「我」的樣子。

‧比起公司的工作我更注重打扮外表。
‧我什麼事情也沒好好做，但還是每個月領薪水。
‧我沒有責任感，只是來公司消磨時間。

第四階段：我什麼時候會有那些樣子？會做出那些行為？

當我把她的樣子換成自己來看的時候，首先想到的是「我才沒有那樣。我很認真工作，也沒有很在意外貌。」但是只要再深入去想，就會發現別人絕對不知道的事實。

其實，我覺得公司的工作很無趣。我根本很討厭上班，只是為了每個月的薪水才出來工作，根本不會把工作的擺在第一位。我為了找到其他更適合的工作而打扮自己，就好像是為了去其他公司上班而培養能力一樣。所以，其實假裝在工作的人是我，但我卻跟認真工作的同事們一樣領薪水。我成日想著要離職和如何打發時間，心根本不在公司。以結果來說，我在結婚前雖然到公司上班，但並沒有用心培養跟同事們的關係。

第五階段：觀察，看見原本的「事實」。

對於自己所看、所聽的不添油加醋，而是只看「事實」。前面我提到「她比起公司的工作更注重打扮外表」這句話，其實只是我的想法，並非事實。我們總是習慣性的把自己的想法說得跟真的一樣，以至於分不清楚想法和事實。而且，若還帶有情緒的話，敘述就會更誇張。例如：「她整天都在化妝」、「她每天都在睡覺」、「她總是任意妄為」等。當我們使用「整天、總是、不論何時」這些單詞的時候，只會讓不必要的情緒更加高漲，讓自己更生氣。其實，使用這些語詞來描述事實是不恰當的。因此，前面提過的三件事情都不是事實，而是我個人的想法。我根本不知道她是不是真的比起工作更加注重打扮，這些都是我對她的個人判斷而已。因此，不是寫下我的想法，而是寫下她真實的樣子。把我的批判想法換成她原本的樣子是非常重要的。

・比起公司的工作，她更注重打扮外表。

↓她每天早上花兩個小時化妝，下午花一個小時化妝。

・她什麼事情也沒好好做，但還是每個月領薪水。

↓她跟我們一樣領薪水。

・她沒有責任感，只是來公司消磨時間。
↓原本是昨天應該做完的工作，她直到今天早上才完成。

這就是她原本的樣子。我帶著批判心態去看和用實際狀況去看時，果然截然不同。那些批判的想法和感覺在成為對方的問題之前，更是為了告訴自己潛藏在內心看不到的問題。非暴力溝通提過「對方雖然會刺激到我的感受，但那並非原因所在。」真正的原因在於自己。感受是為了告訴我們，現在自己內心正在發生什麼事情的信號。如果因為對方哪句話或哪個行為而感到痛苦的話，表示自己內心深處某個問題被碰觸到了，必須好好的找出問題在哪裡。

第六階段：我要怎樣做呢？

在職場中，我因為討厭她而過得痛苦，所以大部分的時間都浪費在怒氣中。那些原因，我並沒有從自己身上尋找，反而全部怪在她身上。我把所有的時間全用來討厭她。

我在前面提過的《塔木德》中，從煙囪中出來兩個少年，臉如果髒了，兩個人都需要洗。這句話給了我很大的啟發。不論和誰，兩個人的關係就如何凸跟凹，只有大小相合，才有辦法銜接。對我來說，她所表現出來的不好的行為，正跟我內心沒表現出來的問題是切合的。

她的行為雖刺激到我的感受，但原因在我身上。

雖然已經離開公司很久了。我現在依然忙著做不重要的事情，而錯過重要的事情。為了不再浪費時間，我現在能做的就是找出我可以做的事。

當我們看不到「內在鏡子」的時候，我們會錯失兩件事情：

第一，看不見自己。

從前有一對貧窮的夫婦。丈夫去市場的時候，想到妻子跟著自己過了好幾年的苦日子，覺得很心疼，就買了一面很貴的鏡子想作為禮物送給妻子。沒想到妻子看到鏡子後，居然大發雷霆，氣得破口大罵：「你從哪裡帶回這個黃臉婆的？」

如果我們沒有意識到那是照出自己的鏡子，就會跟這個故事一樣，充滿怒氣的看著自己不好的一面。也就是說，我們只看到自己外表的樣子，卻看不到內在真實的模樣。

還有，當我們內心產生某種感受時，也很難找出為何會這樣的真正原因。例如：當我們生氣的時候，會覺得問題是對方造成的，於是把生氣的責任推到對方身上。這時候，就會錯過自己的問題。

我在公司上班的時候，只看到她不誠懇、不負責任的樣子，卻沒有看到自己也有不誠懇、不負責任的模樣。我認定那就是她的真實樣子。那時候，一直看著她的我其實很難發現自己的問題，無法看到自己，也就錯過了解決問題的機會。

這樣的錯誤，在我離開公司後依然發生。結婚之後，對象從她換成丈夫、家人或其他親近的人，我把自己的問題覆蓋起來，永遠看不到真正的問題。而且總是抱怨著他們，讓我更加看不到自己。

第二，看不到對方。

透過自己看對方的時候，很難看到對方的真實模樣。當我們心裡越是確信對方是什麼樣子的時候，就越難看到他的真實樣貌。不，應該說其實我們也不打算看。例如：我覺得「A就是一個過於自私的人」時，就只會看到A自私的一面。即使偶爾看到A做了利他的行為，因為跟我對A的認知不同，就會假裝看不到或是另作其他解釋。例如：「為了讓老闆認同，好會拍馬屁」、「應該只是順手幫忙而已」、「他根本不是那種人」等。

直到我離職，我還是沒看到她的真實樣貌。因為我只看「我想看的樣子」，根本不打算看她其他的樣子。其他同事們說她很有趣也很活潑，這些我通通看不到。同時，因為忙著把時間用來討厭她，也錯過跟她愉快交流的機會。

神奇的是，當我們不再把責任推到對方身上，而是集中注意力解決自身的問題後，再次看到那個自己曾經討厭的人時，會覺得對方完全不同了。因為我們丟掉了看對方的有色眼鏡，當其他人在抱怨那個人不誠懇或不負責任時，我們會抱著不同的看法。因為透過對方這面鏡子看的不是那個人，而是自己。那個人的問題其實也是自己的問題。當問題解決後，我們才能真的看到對方原本的樣子。

第三部

不當媳婦之後

第5章

展開一人份的人生

女人要過一人份的人生

有一個女人，
她背著對自己來說很重要母親活著。
她在婚後，
背起先生和公婆。
她有了孩子，又要背一對兒女。
身體再也無法承受，開始變得疲憊不堪。
她卻認為理所當然。
沒人教導她不需要背任何人，

就可以彼此一起生活的方法。

被背的人以為家是世界上最舒適的地方，
背人的女人認為家是世界上最辛苦的地方。
女人再也承受不住重量，叫他們下來，
越是如此，他們越不想從她的背上下來。
就這樣長久以來，
她不由得反覆把他們背上又放下，放下又背上。

女人鼓起了勇氣，
她放下了先生，
她也放下了公婆和孩子們。
然後，她不再背任何人。

放下之後，她才發覺原來不是他們要求她背，
而是她自己選擇這麼做。

女人總算領悟，背與被背的人生，
對誰來說，都無法感到幸福。
她開始照顧自己，
開始學習幸福。

女人要過一人份的人生。

不當媳婦後的奇蹟，還有完全不同的節日

在中秋節前兩天，公婆突然被我告知不再當他們的媳婦時，該有多震驚啊！他們在不知所措的情況下接受了這個事實，但對於一夜之間就不相往來，甚至連一通電話也不再打的媳婦，應該感到非常難過吧！我的心裡也很不好受，但這也是沒辦法的事情。那天，我走出公婆家門時，心裡想著，下次能毫無心結的再來到這裡嗎？我以為至少要過很久以後才有可能。

交出媳婦辭職信後，就這樣過了一兩年。在幾年前，先生跟小叔、小姑們為了幫公婆過八十大壽，每個月都共同存錢。後來因為公婆不想過壽，他們就把那筆錢挪來聚餐，可是還是剩下不少。公婆年紀大了，無法去旅行，又不請

客過壽，於是大家開始思考要如何運用這些錢。最後，大家決定把公婆家的舊電視換成大螢幕，剩餘的錢就用在每個月一次的家族聚餐中。

第一次的聚餐就要到了。我自從交出媳婦辭職信之後，不要說祭祀或年節沒去公婆家，就連平時也沒有問候過他們。我苦惱著要不要去參加這次的聚餐。因為實在不知道該如何跟公婆，還有先生的手足們相處。因為我再也沒有媳婦的義務了，所以不管是打電話，或形式上的問安一次也沒做過。只是這是第一次定期家族聚餐，我實在不知道該不該去，對於要再次見到，從那之後再也沒見過面的公婆和先生的親人們，感到極大的負擔。當然，我也可以不用去，去或不去的選擇權都在我身上。

我最後決定參加。因為我跟先生並沒有離婚，再加上這次的聚會不是在公婆家，而是在外面的餐廳，應該會有所不同吧！況且這次參加之後，如果覺得不方便的話，那下次不去就可以了。我抱持著這種想法去參加聚餐了，心裡非常緊張。

沒想到，許久未見的公婆在餐廳見到我時，非常開心。而且對我沒有感到絲毫的難受或不自在，就跟平常一樣。此時，我才開始慢慢放鬆。交出媳婦辭職信後，我居然可以在第一次家族聚餐時，就這樣輕鬆自在的跟大家一起吃飯聊天，真的非常不可思議。

在外面餐廳聚餐的時候，不論是誰都不需要準備食物，也不需要去伺候誰。大家只要一起用餐就可以，自然的就變成了輕鬆愉快的場面。如今，我不再是「應該要做什麼」的媳婦，而是作為家庭中平等的一分子跟大家見面。每個人都是獨立的個體，關係也很自然的從垂直變成了水平。不過是過了一兩年而已，關係已經完全不同了。這是結婚之後，第一次我可以在公婆和其他親戚們參加的聚餐中，感到舒適愉快。

能這樣其實要感謝我的公婆，是他們讓大家放下了對媳婦的期待，而把我當成一個人來尊重和理解。

就這樣，之後每個月的聚餐，我都可以毫無負擔的參加。慢慢的，我也會主動在年節的時候去公婆家過節。不過，親戚們參加的祭祀，我還是不參加。就如公婆當時對我說的，心情輕鬆愉快的時候來就可以，去不去完全是我自主的選擇。對於我來說，年節症候群已經是很久之前的事情了，現在過節對我來說，反而是愉快的日子。沒有其他遠方親戚，只有公婆和先生的手足們，我感覺我們成為真正的家人。

當中最大的變化就是祭祀和年節的簡化。因為我突然不當長媳了，所以公婆只能依靠妯娌。而妯娌是因為長媳突然消失的關係，不得不去面對這些事情。公婆不希望妯娌的負擔太大。於是，原本祖父和祖母需要分別辦兩次的祭祀簡化成一次。之後，一年一次在家辦的祭祀也改成去掃墓。中秋和過年也是如此，不在家裡祭拜，而是去山上掃墓。公公和男人們，還有其他想去的人，到山上進行簡單的掃墓儀式。之前在中秋和祭祀會聚在一起的遠房親戚們也是在山上碰面後，就各自回家。（公公跟他的弟妹們改成一個月聚一次，遇到彼此生日時，就到外面的餐廳用餐。）

因為改成直接到山上掃墓，所以家裡也不需要準備供桌和招待客人的食物。只要簡單準備家人的餐點就可以了。現在遇到年節時，我都能睡飽後，再去公婆家。沒有去掃墓的女人們，聚在家裡喝茶、吃點心、聊天，整個上午都能悠閒度過。

到了午餐時間，去掃墓的人也回來了，大家會坐下來一起用餐。飯後會讓二十歲以上的孩子們幫忙洗碗。某一次過節，吃完午餐後，我們還分成兩組玩遊戲。從六歲雙胞胎到二十歲的孩子們，大家都圍坐在一起玩著遊戲。不會因為誰的年齡比較大或因為是男人，就可以多玩一次。不論是小孩、女人還是男人都一起玩著公平的遊戲。輸的人要負責洗碗，贏的人可以去買飲料喝。正在看電視的人、躺在客廳地板上的人、邊喝茶吃水果邊聊天的人，每個人在家裡都過得非常自在舒適。小孩有的在客廳裡玩丟手帕遊戲，有的躲在各處玩捉迷藏，孩子的笑聲讓家裡變得非常熱鬧。六歲的雙胞胎們還因為玩得太開心，到了不得不回家的時候，居然哭鬧著說不要回家。最後為了安撫他們，大家一起手牽手在客廳跳起舞來。雙胞胎孩子還因為太好玩，誤以為從此家族聚餐時，都要這樣手牽手跳舞。在這裡，小孩們感覺大家都是家裡的主人。長久以來，被各方親戚們占據的客廳，如今我們總算能好好享受了。

現在在公婆家，每個人都可以發出自己的聲音，也可以大聲笑出來，對我來說簡直就是奇蹟。應該是因為我脫下了可怕的媳婦外衣，才可能變成這樣吧！當然最重要的是，可以理解且包容這一切的公婆。其實公婆本就是很優秀的人，只是我一直把自己束縛在那些角色內，才無法發出聲音。並沒有人要求我那樣做，我是被「女人、媳婦一定要那樣做」這些看不到的教條限制住了。

愛蓮娜・羅斯福（Anna Eleanor Roosevelt）說過這樣的話：

「除非經過你同意，否則沒有人能讓你痛苦。」

我結婚之後，會過得那樣痛苦並不是誰的錯。不論是什麼理由，要過那樣的生活都是我的選擇，也是我該承擔的責任。

我們不管穿什麼衣服，都可以自由的穿上或脫下。因為只有這樣，才可以根據不同的需要換穿衣服。如果一件衣服穿太久，就會脫不下來，再繼續穿下去就會變成我們的肌膚。我就是把可怕的媳婦衣服像自己的肌膚一樣一直穿著。不論你現在穿著什麼角色的衣服，一定要記得那不過是一件衣服而已。作為一個人，需要感受到自由才能活著。

我的主婦休息年，我不做飯

從公婆家樓下的公寓搬出來，也交出媳婦辭職信後，我最想做的事情就是過「主婦休息年」。一般來說教授或神職人員在工作六到七年之後，就可以獲得一年的帶薪休假。法律又沒有規定，只有教授或神職人員才可以享受這種福利，作為主婦我也想要有休息年。我的主婦生涯超過二十年以上，其間完全沒有休息過，應該具有可以休息一年的資格。

我在這一年中最想做的事情就是「不做飯」。正好兒子去當兵，上大學的女兒因為忙碌的課程，幾乎很少在家吃飯。因此，我即使不做飯，也沒有什麼負擔。

之前，我因為參加旅行或研討會，跟先生說會不在家時，他第一個反應都是：「那誰做飯呢？」每次我需要外出，最先困擾我的就是做飯這件事情。結婚之後，我最大的壓力也來自於，必須準時做飯的灰姑娘時間。公婆每天吃飯的時間是早餐八點，午餐十二點和晚餐六點。即使我們後來沒有跟公婆同住，還是無法擺脫一到下午五點就要準備做飯這件事。

為了活下去，吃飯當然是很重要的事。但把這件事情只交給一個人做，而且要求非做不可，這就是看不到的強迫和暴力。我真的很想停止每天都需要做飯這件事。並不是因為要花很多精神和時間，也不是因為這是很困難的事情，而是這是「一定要做」的，我才不想做。也就是說，我想放下做飯這件不得不背的行李。

我跟自己說：「我不做飯的話，又不會怎樣」、「不做是可以的，沒問題」。於是有一天，我向先生提議：

「我打算一年不做飯。」

「那我們是要挨餓嗎？」

「不，不用挨餓，買來吃就可以了。」

「每天？」

「嗯，每天。」我接著說，「我雖然說一年，但可能更長，也可能會縮短。等我想要做的時候，才會去做，我再也不要做不得不做的飯了。」

於是，我跟先生開始去外面的餐廳吃晚餐。他下班回到公寓樓下後，我們就會一起去找餐廳。一開始，我們選擇先生愛吃的豬血腸湯飯、馬鈴薯排骨湯、鰍魚湯、解酒湯等。這些都不是我喜歡吃的餐點，但是一想到可以不用做飯，除了補身湯（也就是狗肉湯）之外，我都覺得沒關係。而且慢慢的也都覺得這些食物也還不錯。在餐廳吃飯時，我常常看到獨自吃飯的男人。

等我們吃膩了社區附近的食物，慢慢開始擴大範圍和菜單。有時候也會用炸雞和啤酒代替晚餐，或是吃紫菜包飯、泡麵、炸醬麵、糖醋肉、漢堡、披薩、豬排、義大利麵、辣炒年糕等各式各樣的食物。

我第一次感覺，自己終於擺脫了做飯這件事情。之前偶爾不做飯的日子就像是主婦的假日，如今可以每天不用做飯，真的像在做夢。過去的我總認為，要是主婦不做飯，世界不知道會變成怎樣，或是會受到很大的報應。可是，當我一年不做飯後，天沒有塌下來，也沒有受到任何報應。「原來是可以這樣的」我心想。

我被「主婦一定要那樣做」的想法束縛住的時候，只要一沒有這麼做，強大的罪惡感就會如同即將遭受天譴或觸犯大忌般襲來。「原來主婦也可以不用做飯。」體會到這件事情，讓我感到自由和愉快。「不管是什麼事情，都是我想做的時候才做。」這句話讓我的內心感到無比的平和。

主婦休息年中，第二個我想做的事情是：「每天睡到自然醒」。

我結婚之後，第一天在公婆家的起床時間是早上六點，如今這麼做已經超過二十年多了。為了早起，我必須早睡。因此，我還曾以為自己是晨型人。

每天早上我都很想再睡多一下，可是我必須起床為上班的先生和上學的小孩們準備早餐。老二高中畢業後，我以為自己也可以從早起為孩子們準備早餐這件事情畢業，沒想到為了先生還是得繼續這麼做。某天，我想到自己也想從「一定要早起」中獲得自由。於是，我對丈夫說：

「孩子們全都高中畢業了，我也想每天睡到自然醒。所以，你就自己準備早餐再去上班吧！」

「妳幫我簡單準備一下早餐，再回去睡不就可以了。」

「不要，我醒來後再去睡也睡不著了，我要一直睡到自然醒。」

「又不是叫妳做飯，只是簡單拿個麵包而已，又花不了多少時間……。」

其實，我們家的早餐菜色換成麵包、咖啡，還有一顆蘋果已經很久了。就如丈夫所說的，準備這樣的早餐花不到十分鐘的時間。但即使只有一分鐘，我也想用來睡到自然醒。

「早上上班時間即使是一分鐘也是非常寶貴的，妳就幫我準備，然後再繼續睡個夠吧！」先生開始不滿。雖然我也非常認同他所說的，上班前的一分鐘是很寶貴的，但那也是他自己的事情。

「不，即使是醒來一分鐘，我也無法再睡回去。」

先生覺得我實在是太過分了。

「我會不會太過分了？這樣可以嗎？先生為了工作準備出門時……不，我現在正處於主婦休息年。至少一年我想擺脫『一定要做什麼』。再說即使不是休息年又如何？孩子們都可以自己起來準備早餐再出門，他是成年人，自己準備早餐也是應該的。」

就這樣，我的內心又開始打架。在生活中，總是忍耐和犧牲雖然痛苦，但說出自己的內心話，並用實際行動去執行時更加艱難。因為除了其他人，我也會責備自己。

聽到我不做飯，也不準備早餐時，我媽媽這樣說：

「妳說早上只要睡覺？妳竟然這麼做……我的女婿真的好可憐。」

「妳說什麼？不做飯？妳腦子正常嗎？」
「那要吃什麼？什麼！每天買來吃？哎喲，看來妳真的瘋了。」
「對，我或許真的瘋了，但沒有關係。」

每天晚上睡覺前想到隔天不用早起時，我內心的批評聲依然不斷，但我堅強的挺過來了。三個月後，我總算可以安心入睡了。二十三年來的早起習慣，居然在一兩個月內就這樣簡單改變了。因為早上睡到九至十點，晚上上床時間自然也推遲了。我發現，我其實並不是晨型人。

等我睡到自然醒來時，先生已經去上班了。「我居然沒有被吵醒？」連我自己也感到神奇。我張開雙臂，伸了個懶腰，開始好好呼吸起這自由的空氣。

先生開始站在我這邊

每次當我要說出自己的想法時，都會感到非常恐懼。先生從一開始就擁有公婆家這個強大的靠山，但對於我來說，我什麼也沒有，我只有我自己。

交出媳婦辭職信後，不管是多難的事都由我自己決定。從一開始搬離公婆家，到最近讓兒女們出去獨立生活，每一件事情都是我獨自苦惱一個人決定的。因此，這些事情也完完全全的要由我一個人負責。

我對於「一個人要負責」這件事情非常懼怕。在夢中常常出現，握有強權的男人們如潮水般湧向我，他們會向我丟石頭，或手持著木棍跑向我，甚至還有拿著更厲害的武器撲向我的惡夢。我開始發出自己聲音後，在完全擺脫那些束縛住我的所有角色前，我挨了數不清的石頭，「所謂的媽媽……」、「因為是媳婦……」、「女人應該……」、「太自私了」、「太貪心了」……。

那些針對我的武器根本不想退讓，反而越來越強。因為巨大的恐懼，我意識到如果自己沒有必死的決心，什麼事也做不了。

只有抱持必死的決心才能夠活下來。我將這句話銘記在心，產生了勇氣。不可思議的是，當我抱持著必死的想法時，每次都順利的活下來。

我會想要跟先生離婚，是因為我認為先生在如此根深蒂固的父權家庭中長大，要他改變想法是不可能的。不論我怎麼想，都看不到希望。於是我想，與其用漫長的時間磨合還不見得能看到結果，倒不如乾脆離開，把這段關係結束得乾乾淨淨後，我就可以過全新的人生。因此，當先生不選擇離婚，而是表示願意改變自己的時候，我一開始並不相信。甚至我提出不離婚就得做到的三個提案，而他表示願意遵守時，我也是半信半疑。

六年前，我們搬到公婆家樓下，用我的名字簽全租合約。這成為我很大的靠山。因為我跟先生簽的提案書中有一個條件是，如果這兩年中他違反其中任何一項約定，押金就必須讓給我。再者，租屋合約上簽的是我的名字，所以我不需要經過丈夫的同意就可以處理。當初我存了約五十萬台幣時，就覺得一個人生活是沒有問題的，如果再收到這筆錢，那就更棒了。

原本約定一年的婚姻諮商，先生一共去了兩年。雖然先生是不得已才去參加，但除了一開始的夫妻問題以外，他職場生活上的困難和鬱悶，也慢慢得到解答。從其他角度來看，諮商真的幫了他很大的忙。差不多過了一年左右，站在平行線的我們，開始感覺到彼此敞開了心胸，慢慢有了連結。

諮商時做的對話練習，只有我們兩個的時候，也會繼續做。先生不只在諮商時，就連平常也會開始好好的聽我說話。從我難過、痛苦、辛苦的心情，到兒時不開心的回憶，他都會認真的聽且與我同感。他聽的越多，也就越能理解我的行為、想法、感受。我們邊諮商邊自然的有了一週一次的夫妻日。在夫妻日，我們會去看電影、爬山、聽音樂會……。一起吃飯喝茶後，也會繼續聊天或一起看書。這些在新婚時做不到的事情，到了頭髮變白了才開始做。

我跟丈夫說，等他退休後，他也可以有「丈夫休息年」。不久之後，丈夫就從工作了二十五年的公司退休了。之後，整整休息了三年。第一年的時候，丈夫還會感到不安，第二年會煩躁，到了第三年丈夫才開始放鬆的休息。

女兒和兒子的獨立，以及後來

去年的七月一日和七月四日，兒子和女兒分別有了蓋上「自己名字」的租屋合約，那是第一次他們有專屬於自己的住處。兒女們有生以來第一次變成了「乙方」。女兒說看到合約書時，有一種無法說明的奇妙感覺。過去一直跟父母同住，現在自己要獨立生活了，突然有一種現實感。

女兒剛開始聽到必須離開家獨立生活時，是那樣的沉重，好像從此自己就得背負起全世界一樣。沒想到，真的搬出去之後，她很快就接受了獨立生活這件事情。女兒跟我說在要獨立生活之前，雖然還是感到害怕，但同時也充滿興奮和期待。兒女們在搬離父母家後，徹底變成了另一個人。他們都適應得很不錯，依然過得很好。不，應該說他們更加享受一個人的生活，看起來過得非常幸福。這是他們從沒體驗過的人生。

過一陣子後，女兒跟我說，獨立生活之前那段時間是一個「轉換期」。想到要去過從沒想過的生活就很害怕，一心想著逃避的方法。等慢慢接受現實之後，那些害怕變成了好奇心和勇氣。

之前自己經歷過的旅行也成為了經驗。每次想起自己兩年前的旅行，就能相信自己一個人也可以過得很好。這次她還發現，當沒人可以依靠，只有自己的時候，反而可以發揮出連自己都不知道的能力。因為跟父母親一起生活的時候，只想永遠當個小孩，這樣的生活或許過得很舒適，但並不會幸福。

女兒一個人生活之後，沒有誰可以幫忙，所有事情都必須自己解決。再加上租屋的地方離父母家也有段距離，很自然對自己的人生產生責任感。搬家的第一天，水槽的排水口就故障了，女兒自己去五金行詢問更換的方法，自己換好。購買書桌後，第一次自己組裝，並對此感到非常滿意。在家中，這些事情女兒一定會要哥哥或爸爸幫忙，如今自己親自做之後才發現，其實根本一點也不難。自己成為家的主人後，就要管理家裡所有的事。慢慢的，女兒發現原來自己會做的事情很多，連自己也感到不可思議。和父母住一起時，根本不會去在意的事，現在也會挽起袖子來做，也會為了節省電費和瓦斯費，調整冷氣和暖氣的溫度。

我只幫兒女們付房租到去年十一月，從十二月開始他們就必須自己繳房租了。幸好兒子找到了自己想要做的工作，開始去公司上班了。女兒因為尚未找到工作，就先打工賺自己的生活費和租金。當女兒跟我說，她從十二月開始也可以用自己賺的錢支付租金時，我真的感到非常自豪和開心，「妳做得很好，現在真的變成大人了」。

我認為作為一個成人最基本的，是要能負擔自己吃、穿、住的需求。生活所需的物品要自己賺錢買，自己要吃的飯也自己做。做為一個成人得在經濟上、心理上、身體上獨立並對自己負責。

去年十二月三十一日，獨立生活之後的孩子們第一次回家過夜。那天晚上，大家輪流分享過去一年彼此的感受時，女兒是這樣說的：

「我跟爸爸媽媽一起生活的時候，覺得自己並不需要努力打工，家務事也跟我沒有關係。因此，根本不覺得生活很辛苦。那時候，如果問我：『為什麼活著？』我也答不出來，甚至就算馬上死掉的話，我對這個世界應該也不會有絲毫留念。但現在，從打工到學習，生活上所有大大小小的事情，我如果不去做的話，就會活不下去，真的非常辛苦。但神奇的是，我現在反而對活著產生了依戀。不，應該說我想好好活下去。」

女兒獨立生活不過六個月而已，卻好像是過了好幾年似的，從第一天到現在的每一天，都通過真正活著的自己深深記住這一切。聽到女兒離開爸媽，一路上獨自跌跌撞撞，但依然堅強生活的事，我眼眶裡含著淚。

不管怎樣，都要有自己的工作室

「不論如何，我都一定要有自己的工作室。」

我自己聽起來，也覺得荒唐可笑。我特意要一間工作室要做什麼呢？我不是有一個家了嗎？室內舒適寬敞，可以清楚看到海景，視野極佳。家裡還有設備齊全的廚房、臥室以及可以跟朋友談天的場所。除此之外，我還有一座花園。我的家裡並不是沒有空間可以用來工作。對，因此我必須說出一件難以啟齒的事情。我是個作家。我知道這個理由聽起來極為荒謬，還不自量力，又裝腔作勢，根本無法說服任何人。我重新來說一次好了。我在寫東西。這個理

> 由聽起來有比較好嗎？我在寫作。但說這個還不如不要說，因為聽起來實在謙虛得太過矯情了。那怎麼辦呢？

這是諾貝爾文學獎得主艾莉絲・孟若（Alice Munro）短篇小說〈工作室〉中寫的內容。我還記得自己在閱讀這段文字時，整個人嚇到了。因為那些內容完全寫出我想說的。

六年前，我曾經擁有過屬於自己的空間。就像那段文字所描述的，當我想要擁有自己的空間時，也覺得荒唐和奢侈。「特意擁有自己的空間的理由是什麼？」我想不出來。在家裡不也有我的空間，那麼必須特意在外面再找個空間的理由是什麼呢？不論是誰聽到，都會嗤之以鼻吧！我不是寫文字的作家，連寫東西的人也稱不上，為什麼也需要呢？

某天我在讀報紙的時候，看到某位作家的報導。那位作家在自己家中已經有一個工作室，也有自己的房間，但還特意去租了一個房間用來寫作。讀到這個故事時，我非常有感觸。作家每個月花四千塊租到一間小房間，而那個空間只用於寫作。「哇，真好！」可是，我不是寫作的人，我又不是需要寫作空間的人，到底為什麼會這麼羨慕呢？於是我蓋上了報紙，可是那篇報導一直纏繞著我。

「我如果也有那樣的空間，該有多好。」即使我不寫作，我也想在家之外有一個完全屬於自己的空間，可以度過自己的時間。一個月四千塊的話，我覺得為了自己可以花這筆錢。可是當一這麼想又會覺得「為什麼需要呢？要做什麼呢？而且現在妳又不會賺錢？」我自己也覺這個想法太沒道理了。

……我是為了寫作。我馬上意識到這聽起來很不像話，簡直就是任意胡鬧。寫作這事情，大家都知道只需要一台打字機，不然一枝鉛筆和幾張紙，還有桌椅就可以了。這些在我房間的角落都有。

但即使如此，我現在還是渴望擁有一間工作室。

其實說真的，我也不太確定自己會在工作室內寫什麼。或許我只是坐在那凝視著牆壁。但就算是那樣的時光，對我來說也不算壞。實際上，我喜歡的是「工作室」這個詞聽起來的感覺，有點尊嚴又氣氛平和。感覺我從此就會立下鴻志，並做出一番大作為。但我不想跟丈夫說這些。於是我就開始誇張的大肆替自己解釋。

就像艾莉絲・孟若所寫的那樣，我說我要寫文章不過是天花亂墜的藉口罷了。但在當時如果不這麼說，也找不到其他藉口了。我租了一個房間後，沒有對任何人說。不只是朋友連先生和家人都保密。整個十個月，那個空間成為我祕密的房間。

雖然我沒有向任何人說，但更重要的是我說服了自己。一開始我也無法理解，但可以為自己花四千塊這個想法給我了力量。「我這樣做真的可以嗎？」雖然這樣想，但還是抱持著「先找看看再說」的想法開始找房子。我真的懷疑用四千塊就可以租到一個空間？果然在家附近問到最便宜也要五千到五千五，想要更好一點的話，需要到七到八千塊。而且我自己實際看了好幾間房子，發現跟我想像的完全不一樣。與其說是房間，倒不如更像是單間牢房。回家後，我在網路上查詢其他租屋資訊。除了一般雅房、套房外還有個人的小辦公室等各種空間可以租，而且價格並不會差太多。

有一天，我在家附近看到新蓋好的套房掛著出租的牌子。因為好奇就進去看了看，房間內的設備齊全，且半地下室的房間只需要八千塊。看過之後，我很想租下來。除了價格外，我真的非常喜歡那個空間。小小的房間內有小廚房、小廁所，還有書桌和椅子，真的什麼也不用準備，只要人來就可以。這裡跟我夢想的空間一模一樣。我考慮了幾天，原本預定四千塊，我還負擔得起，如今已經是雙倍的價格了。可是為了我自己，我決定花這八千元。我馬上和對方簽了合約，租期一年。在合約書上簽字時，我內心七上八下的，緊張得不得了。好像有人在我背後揪著我的脖子似的。

「我終於有自己的空間了。」可是比起開心，我更擔心會不會因此惹出無端是非。甚至因為太過擔憂，整夜都沒睡。隔天，我就去打掃這間套房。這個三到四坪的套房完全屬於我的這件事，還是讓人難以相信。即使一夜沒睡，打掃房間時，我一點也不覺得累。而且當天晚上還做了個美夢。睡覺時，我感覺到臉上肌肉似乎在動，可能太過開心了吧！即使在做夢還是能感受到我的臉因為微笑在顫動。起床後，我覺得自己做了對的決定。每天我都出門去只屬於我的空間上下班。真的租了房子之後，我才知道自己為什麼需要一個空間。

不管是怎樣的空間，在那個地方都有只屬於那個空間的能量，在家裡就只有家的能量。公寓樓上住著公婆，我就是長媳。在家裡我是主婦、媽媽、妻子、媳婦。我在潛意識中根據我的角色來行動。因此，在家裡即使我坐在書桌前看書也很難集中注意力。身體雖坐在書桌前，可是家裡每一個空間都不停的在呼喚我。就像幽靈般，我在家裡到處走動，樓上的公婆家也得一天去好幾趟。即使在書桌前坐上好幾個小時，實際集中看書的時間不到一個小時。在家中時我並未發覺到這一點。就像水中的魚無法感覺到水一樣，我當時也完全沒有察覺到自己處於怎樣的能量空間。

離開家，到這裡之後，我才發現有許多能量白白的流失掉了。在我的祕密房間中，只要我一進來，就能感覺到進入只屬於我的能量空間。這空間能把各種要流失的能量阻擋住，完完全全的讓能量集中在我身上。等我下午再次回到家的時候，身上充滿了能量和力量。我在只屬於我的空間內，被療癒了。

我得到空間的日期是二〇一二年三月五日。在兩個月之前，我做了這樣一個夢：

> 有一輛車停在加油站旁邊，車子不斷的漏油。

對於我來說，「停著的那輛車」象徵著我辭掉工作正在休息的狀態。二〇一一年底的時候，我把所有父母教育課程的工作全部停掉。汽油是車子的燃料，也表示能量。把工作都辭掉後，應該是屬於充電的時候，可在我的夢中，車上的汽油卻一直在流失。

表面上看起來，我的人生中有許多時間可以用來休息和充電。可事實上，看不到的能量卻一直在流失。如果一直待在家裡，很難發現我流失了什麼。等到糊里糊塗的租了空間之後，我才明白那是什麼。沒有工作之後，我在家中得扮演各種角色，這些讓我更加勞心勞力。並不是說我在家裡做了很多事情。而是即使我不想做，內心也做了超過負荷的事情。放下工作之後，覺得過去那段時間因工作忽略了的家務事和公婆，現在有時間了，應該更加用心去照顧。沒想到這些想法嚴重壓抑著我，讓我更加疲憊。

剛開始的一兩個月，我在那個空間內沒做什麼特別事情。光想到這是只屬於我的空間，就像去旅行的住宿一樣感到興奮。在那裡我滾來滾去睡午覺，或是看電影、看書，時間一下子就過去了。心情又興奮又平和。

維吉尼亞・吳爾芙說過：「所有女性都需要專屬自己的空間。」這個只屬於自己的空間指的不只是實際上的空間，也是女性心理上獨立的房間。並不需要特意去準備一個房間。咖啡廳、汗蒸幕等也可以作為自己的空間，用以寫文或閱讀。

慢慢的，我在這個空間內，開始透過夢探索自己的內心或寫些東西。因為在這裡沒有其他事會妨礙我，我可以集中注意力。在家的能量和在這個專屬空間的能量是完全不同的。每天來到這裡，我都可以重新獲得能量。這裡也是我跟先生提出離婚，以及從公婆家獨立出來所需要的基地。

先生的幸福來自哪裡

最近，我問先生他覺得最幸福的時候是何時？丈夫的回答完全出乎我的意料。他說他最幸福的時候是當兵的那段時間。六年前，兒子要當兵時，可是帶著世界上最沉重的表情入伍。他說軍隊跟外面世界完全隔離，而且必須絕對服從，完全沒有自由的生活，這是他最討厭的。在軍隊裡，不管有多累，只能吃準備好的食物，做被要求做的事情，到了規定的時間，就必須去安排好的地方就寢。軍隊跟外面世界完全隔離，必須放下一切在這裡度過三年的時間。可是對於先生來說，竟然是最幸福的時光。之前我也聽他說過一兩次，但當時只覺得無法理解，這次我認真的思考他說的話。為什麼會這樣呢？許多男人只要能夠選擇，絕對不會主動說要當兵，為什麼對先生來說反而是最幸福的時期呢？

公公八十大壽的時候，姑婆曾調查祖父母直系的親戚，並列了一份名單，算一算名單中居然共有五十六位親友。這些全都是從爺爺奶奶延續下來的子孫，讓我再次感到驚訝。

出生在大家族的先生，如命運般作為長孫來到這個世界。因為是長孫，自然得到不少好處，但同時也被賦予了相同重量的責任。「你是這個家的長孫喔！」他從小就是聽這句話長大的，這是他無法選擇的行李。必須成為這個家族支柱的責任感，從小就壓在他的雙肩上。

即使是還聽不懂語言的小孩，也能感受到這句話的能量。女兒出生的時候，兒子正好滿十八個月。我生完老二住在醫院的時候，兒子到醫院來看我。當時，兒子已經三天沒看到我了，一見到我，他就開心的跑過來討抱抱。記得當時我對兒子這樣說：

「你現在是哥哥了，要有大人樣喔！」我以為兒子還小，應該聽不懂媽媽說的話。

我們日常溝通是用語言來表達，但非語言的資訊感受更強烈。麥拉賓博士（Albert Mehrabian）所提倡的「麥拉賓法則」中指出，人們在溝通的時候，從語言得到的訊息占百分之七，從語氣和語調中得到的訊息占百分之三十八，從姿態、態度、表情、手勢等非語言中得到資訊占百分之五十五。也就是說，父母每天跟孩子們溝通時，使用語言表達不到百分之七，其他百分之九十三是通過語氣、語調，還有態度、姿態等來傳達。

兒子從小就懂得照顧妹妹。他八歲時女兒剛讀幼稚園。印象中，當時他們好像做錯了什麼，我打算拿起鞭子處罰。兩人都感到害怕，女兒在被打之前就先哭了。我先打了幾下兒子的小腿肚，等到換女兒時，沒想到兒子跟我說：

「媽媽，妹妹的份也打在我身上可以嗎？」

我聽到這話時，嚇了一跳。雖然兒子是哥哥，可畢竟他也還是個孩子。哪個小孩願意被多打幾下？他怎麼會想連妹妹的份也一起承受呢？我被兒子的心胸嚇到了。這時候，站在旁邊的妹妹聽到之後，馬上說：「媽媽，請你打哥哥就好。」妹妹一副哥哥願意代替她被打是最好不過的態度。

兒子對妹妹的照顧和關心，不論是一起外出或是一起玩的時候都極為明顯。鄰居看到兒子以妹妹為優先並照顧她的模樣，還感動得到我面前誇獎兒子。我每次聽到這些話，都會十分開心和自豪。可是，另一方面心裡也覺得，兒子也不過是個還不到十歲的小孩。

之後，當我知道兒子一直背負著身為哥哥的責任感時，感到非常內疚。「你現在是哥哥了，要有大人樣喔！」這句話通過能量的波動傳達給了兒子。即使是現在，兒子對妹妹的關心也不少於父母。有時候，甚至比父母還更替妹妹著想。但兒子啊，你並不是妹妹的父母，不要太過於替妹妹著想，你應該先照顧好自己才是。

我曾經上過認知心理學者金經日教授的課。教授做過很多心理學的實驗，其中有一個實驗是這樣的：他把大學生們分成兩個小組，給予不同主題，並要求他們在三十分鐘之內要寫出報告。A組的主題是請組員寫出「過去一年發生在自己身上的事情」。B組的主題是寫出「過去一年發生在家人身上的事情」。

三十分鐘後，兩組都寫完，教授馬上對他們再提出下一個相同的問題。

「（之後）你希望你的人生變成怎樣。」

在實驗的第一階段，對A組來說，主詞是「我」，而B組的主詞是「家人」。而這個不同就在第二階段回答人生價值時，表現了極大的差異。

A組的組員回答：希望自己的人生是「幸福、開心、滿足、有成就感」。B組的回答則是想過著「和睦的人生」。也就是說A組希望「自己」的未來發生好事，但B組則希望「我與他人」能平安和樂的生活。

當別人提出「你要吃什麼？」的時候，只要說出自己喜歡的食物就可以。可是，當問題是「我們要吃什麼？」時，如果只回答自己喜歡的食物，往往會覺得自己是沒禮貌的，而必須去思考雙方都能夠吃的食物。

當在說「我們」的時候，一般都會先思考整體，而非個人。人們都討厭被罵，也知道不可以給別人帶來不方便。因此，比起追求個人想要的，更希望順利的融入群體。

想想以上的實驗，再回頭看看先生成長的大家族環境。他是聽著「你是我們家的長孫」這句話長大的。上面的實驗中給予學生們的時間不過三十分鐘。把想「家人」三十分鐘和想「家人」三十年放在一起比較，就可以理解，為什麼先生會覺得當兵的時候最幸福。因為內心的負擔和責任比身體的疲累更加沉重。直到這時，我才理解了丈夫的想法。

或許有人會問：「背負了那樣的責任感，你有做什麼嗎？」我其實無法回答。因為我也沒有特別做什麼，就只是這樣背負了二十三年長媳的重擔。當我還沒提出離婚，先跟先生建議搬家的時候，他也問我：「妳身為媳婦有做什麼嗎？」當時，我無法回答。但問題其實是正因為那個重擔，才讓我們什麼也做不了。每天背著沉重的行李，就已經耗掉我們大部分的力量了。可以做什麼的力量要從哪裡獲得呢？站在先生的立場來想，身為長孫雖然想要做什麼，但是當現實中做不到的時候，還會產生罪惡感。對於先生來說，軍隊讓他從大家族中擺脫出來，不再是長孫，而是一位軍人而已。每天完成交代的訓練和任務後，只有身體會感到疲憊。因為入伍的關係，跟外面世界（大家族）的聯繫中斷了，他也就可以放下名為長孫的負擔。也就是說，先生說他在軍隊內過得最幸福的意思是，當他擺脫大家族長孫這個沉重責任時，才覺得可以過著自由且幸福的人生。

在馬戲團內，小小的馬樁就能綁住高大的大象。大象也不會逃跑，會乖乖待在原地。雖然只要大象一抬腳就可以輕易甩掉馬樁，可是牠好像被綁在巨大岩石似的完全不會反抗。因為大象從小就被綁在上頭，當牠還是小象，第一次被綁著的時候，會本能的想要逃脫，當牠不論怎樣掙扎還是失敗後，便會放棄。「無法從這裡逃出去」的想法，深根在小象心裡。就這樣小象慢慢長成了大象，但馬樁大小沒有變。身體長大了的象，還是無法擺脫小小的馬樁，因為在大象的心中，那個馬樁依然是塊巨大的岩石，而自己依然是頭膽小的小象。

大象的馬樁同樣存在我們的人生中。對於先生來說，長孫就是那個在大象眼中如同巨大岩石的馬樁，沉重到自己都認為絕對不可能擺脫。

可是大象也有甩開馬樁逃脫的時機。某次，馬戲團內起了大火。大象如果不逃就會被燒死，於是牠拚命甩掉馬樁，最後逃跑了。如果沒有那樣的危機，大象一輩子就會被馬樁困住。

從幻想的愛情中醒過來

我跟先生相遇後，一直到結婚前，大約一年九個月的時間，我們每天都見面。交往沒多久，我心裡就知道：「啊，就是這個人！」我們在潛意識中看到彼此幻想的模樣，陷入了愛河。

先生把他所有心思和熱情全用在我身上，對我充滿愛和關心。我們即使每天見面，還是時常想念對方，每天都有說不完的話。當時因為跟他談戀愛，我因父親早逝而脆弱的心也變得堅強了，丈夫也用滿滿的愛填補了我內心的空虛。啊，像這樣的愛情，可以跟著這樣愛我的人過生活的話，應該一輩子都會很幸福吧！對於先生來說，或許也在潛意識中期待我可以跟他一起分擔長孫的責任和義務。如同自己的母親那樣，當一個犧牲和奉獻的長媳，且對先生無條件奉獻的女人。彼此的幻想就像磁鐵般吸引著對方，那是用無法言喻的魅力包裝而成的幻想。

精神分析學者羅伯特・A・約翰遜的作品《我們——有關浪漫愛情的榮格心理學理解》（*We: Understanding the Psychology of Romantic Love*）中針對人性的愛和浪漫的愛之間的差異這麼說：

> 浪漫本質上絕對是出於利己主義（egotism）。因為浪漫不是為了愛其他人。（中略）浪漫的愛是把對方看成電視劇中扮演某個角色的人。男人的人性的愛是希望女性可以完全獨立生活，鼓勵女性成為真正的自己。相反的，浪漫的愛是希望對方成為自己想要看到

樣子，期待對方跟自己的阿尼瑪（anima）或阿尼姆斯（animus）[1]是一致的。……當對方符合自己投射的理想形象時，才會愛上她（他）。也就是說，浪漫的愛是無法愛那個人原本的樣子。

先生的出現，彌補了我父親的空位。而先生遇到我之後，希望我可以像她的母親那樣，當一個犧牲奉獻的女人，跟他一起坐在長孫的位子上共同承擔責任。不可能成真的幻想，從結婚那刻起就直奔懸崖而去。我們從錯覺中覺醒過來。先生不管再怎樣努力，也不可能代替我已經過世了的父親，而我不管再怎樣努力，也不可能成為像婆婆那樣犧牲的妻子。我們感覺被對方騙了，於是開始吵架。為了滿足潛意識的慾望，且找到那個沒有答案的答案，我們不停的吵架。越是爭吵，讓先生越想往外跑，在外面找尋其他的幸福作為補償，而我為了讓先生回家，更加努力成為先生想要的妻子。

> 從幻想開始的戀愛、結婚，到最後只會剩下痛苦和死亡。浪漫是「必然走向痛苦的絕望，也讓絕對不可能成真的期待轉輪不分晝夜轉個不停。[2]」

結婚之後，先生認為從今往後我和他是一體的，再也不對我表示關心。他認為他的意思就是我的意思，所以總是隨心所欲的對我。直到我提出離婚時，他才從漫長的夢中驚醒過來。這件事把對夫妻關係愚昧無知的先生喚醒了，他就像被超級大的錘子狠狠敲到似的，猛然回過神。直到現在，他總算明白，夫妻是完全不一樣的個體，也了解我在成為他的妻子之前，也是一個獨立的個

1 阿尼瑪（anima）是男人潛意識中的女性性格，也是男人心目中女人的形象。阿尼姆斯（animus）則是女人潛意識中的男人性格與形象。

2 出自羅伯特・A・約翰遜（Robert A・Johnson）《我們—有關浪漫愛情的榮格心理學理解》（*We: Understanding the Psychology of Romantic Love*）

體。當夫妻並不是為了把對方變成跟自己一樣，而是關心並理解彼此不同之處，尊重對方原本的樣子。先生總算打破了「夫妻是一體同心」的執念。

我們通過彼此來滿足潛意識的慾望，才是問題所在。我希望從先生那裡得到，過去從父親那邊得到的關心、認可和指示。他希望通過妻子持續得到，從母親那裡得到的無條件奉獻。我們只是「大人模樣的小孩」，沒有真正變成成人。誤以為自己想要的可以持續由對方來滿足，就這樣陷入惡性循環。如果我們沒有看破欲望的假象，不斷跟對方提出不可能成真的要求，是不可能看到對方的真實樣子。

從現在起，我們必須努力不要忘記「丈夫不是妻子的父親」、「妻子不是丈夫的母親」。彼此都要睜大眼睛看清楚對方原本的模樣。

有一天，從幻想中醒過來的男性（女性），會發現自己所愛的女性（男性）是不可能解決自己的問題，也幫不上忙的。同時也覺悟到不管對方再怎樣努力，也無法使自己的人生永遠幸福[3]。

真正的婚姻是從浪漫的幻想中醒來，各自獨立生活，並接受彼此原本的樣子後才開始。

3 同註解2

越能接受對方，關係就越近

二年前，阿姜布拉姆法師（Ajahn Brahm）來韓訪問時，針對夫妻的關係講了以下一則故事：

有一對新婚夫妻正為了某個原因在爭吵。原來，窗外突然傳來「嘎嘎」的叫聲，妻子聽到後覺得是雞在叫，但丈夫卻認為是鴨子。吵到最後，妻子居然大哭起來。丈夫雖然還是覺得應該是鴨子在叫，但是看到哭得如此傷心的妻子，心中實在不捨。於是，丈夫對妻子說：「親愛的，對不起，是我聽錯了，那個一定是雞的叫聲。」

丈夫是因為害怕才這樣說嗎？不，丈夫說完的瞬間就領悟了。重要的不是那個是雞或鴨，而是夫妻間的和睦和理解。不管自己說的話有多麼正確，讓妻子流眼淚的話，那麼這個世界就不美好了。常識是隨時都可能改變的。只要基因變異的話，雞也有可能會發出嘎嘎的叫聲[1]。

法師說：「理解對方的心，比起判定彼此的意見或想法誰對誰錯更重要。」

瑞克・布勞恩（Rick Brown）的作品《Imago 夫妻關係治療——理論和案例》（*Imago Relationship Therapy— An Introduction To Theory And Practice*）中提到，在童年時期，自己塑造出來的監護人「形象」，在成人之後會成為選

1　李吉右，〈迷上九年來一次也沒生氣的僧侶的道行〉，《韓民族日報》二〇一五年十月七日

擇配偶的基準。「imago」是拉丁文，意思就是形象。Imago 夫妻關係治療是透過治療彼此童年時的創傷和未解決事情，進而改善夫妻關係的方法。據說，在彼此傷害的夫妻對話中，可以找到兩個共同問題。一個是不聽對方在說什麼，另一個是用對方聽不懂的方式說話。

許多人在生活中會感覺痛苦，是因為自己沒有訴苦的對象，有些話甚至連對親近的人也無法說。也就是說，只要有人願意傾聽，就可以減輕痛苦。夫妻關係中，只要肯聽對方說話，就能讓兩人關係越來越親密，這就叫做「傾聽的治療」。

在Imago 夫妻關係治療裡提到，「這個治療方法的特別之處是，當配偶好好傾聽自己說話時，說話者就能感受到自己被接受。當感覺被配偶無條件接受時，能使說話者也可以接受原原本本的自己，這就是治療的核心。好好傾聽的那一方就是幫配偶治療的橋樑。因此，認真傾聽是夫妻給予對方最珍貴的禮物[2]。」

結婚之後，先生在不知不覺中把婆婆的基準套在我身上，認為所謂的妻子就是要犧牲和奉獻，所以才會無法理解我。他不只不聽我說話，還認為那樣的我是自私的，而我也一直用他聽不懂的方式跟他溝通。

直到我對他說再也無法和他一起生活，提出離婚時，他才回頭檢視自己過去的行徑。要聽見我的話，他就必須打開自己的耳朵。只有認真聽背負著重擔的我的故事，他才能意識到原來我跟他是不同的個體。先生跟我說，他認為我跟他是共同體，所以才會覺得不需要再聽我說什麼。

先生聽完我過去生活的心情，覺得很後悔。「我為什麼當年完全沒想到妳的立場？只要多了解一些妳的心就好了……。」他可能因為太過難受和內疚，

2 出自韓吳智銀《情人關係治療中幼年創傷治療之重要性：以Imago夫妻關係治療和內在幼兒的治療模本為重心》

說不出來話。他說自己如果早點注意到的話，或是多關心我一些的話，就不會讓我長時間以來，過得這樣辛苦。先生真心的對我表示抱歉。

他願意敞開心胸聽我說話，似乎同時治療了現在的我和過去那個痛苦的我。而且我也感覺到，他接受了原原本本的我。這也表示他重燃了對我的愛，我們之間再次有了連結。

之後，先生更加認真傾聽我說話，我也開始從他身上得到理解和認同。我們溝通時，他不再只會否定或責備我，而是開始說理解、認同和肯定我的話。

當然對於我說的話，他也不是全部都能理解和認同。這時，他也會明白的告訴我。但慢慢的，他養成了先改變自己想法的習慣。每當這個時候，他會想：「如果我是妻子的話，會怎樣呢？」他說只要換成個立場，他就能比較理解了。

先生最驚人的變化是態度。過去自我主義很強的他，開始站在我的立場設想。對於他的改變，我簡直無法想像。慢慢的，他開始用溫和且同理的態度面對我，這時，我反而會懷疑他真的是我的先生嗎？

可惜的是，我們沒有更早就改變。明明具備改變的能力，但因為無知和恐懼而沒有勇敢改變，也沒有努力去找尋好方法。

電影《星際效應》在一號星球中，一不小心就讓二十三年的歲月流逝了。我永遠都忘不了電影主角因這個荒謬的失誤而遺失二十三年的表情。那個場面我感同身受。結婚之後，我跟先生也是因為活在不同星球，讓二十三年的光陰消失了。

優先照顧好自己

這是一行禪師《當下自在》（*Being Peace*）這本書中的故事：

有一對從事雜技工作的父女。在表演時，父親會把長長的竹子放在自己的額頭上，讓女兒爬上竹子的頂端。二個人靠著表演過活，而錢通常都只夠用來買米或咖哩。有一天，父親對女兒說：「親愛的女兒，我們一定要顧好彼此。妳顧好我，我也會顧好妳，只有這樣我們在表演中才會安全。因為我們的表演實在太危險了。……我們只能把彼此照看好，才能持續賺錢養家。」

女兒聽了回答：「爸爸，在表演的時候，請你照顧好自己。爸爸只要照顧好自己就可以了。你一定要集中注意力，不可以晃動。這就是在幫我的忙了。而我在爬上竹子的時候，一定也會照顧好我自己。我得小心翼翼的爬上去，竭盡全力不發生絲毫差錯。爸爸顧好自己，我也顧好自己。這樣的話，我們才能維持生計。」

當我們努力把自己照顧好時，反而讓彼此可以生活得更好。先把自己照顧好和自私是兩回事。每次搭飛機時，有件事總會讓我感觸良多。飛機起飛前，空姐會教導乘客，萬一飛機遇到緊急狀況，該如何戴氧氣面罩。此時他們會特別強調，請大家要先自己戴好氧氣面罩後，再去幫助旁邊的人。即使旁邊坐的是自己的小孩也一樣。只有這樣做，才可能在緊急狀況發生時，彼此都能活下來。這一點也適用於所有人際關係，健康的婚姻生活更是如此。只有兩個人都過得很好的時候，才適合結婚。擁有獨立的經濟能力和自己可以做飯給自己吃的生活能力是婚姻的基礎。首先有能力對自己的人生負責，同時把自己照顧好的兩個人相遇時，才可能擁有健康美滿的夫妻關係。

我遇到先生之後，因為希望可以二十四小時都和他生活在一起才結婚的，我希望無時無刻都跟這個男人在一起。婚前「沒有這個男人就活不下去」的感受，沒想到婚後變成「因為這個男人，我實在活不下去了。」這是因為我對先生充滿了期待和幻想。我以為只有跟他在一起的時候才會幸福，我把自己的幸福寄託在他身上了。現在我才知道，認為夫妻所有事情都要一起做的想法，是極為危險的。

有一對十五年來公認的模範夫妻，最近妻子因為外遇而尋求諮商。妻子表示自己依然深愛著丈夫，沒有先生的話，她是絕對活不下去的。可是，她也無法跟正在交往的男人分手，因此她十分痛苦。

在諮商的過程中妻子表示，她一直認為夫妻是一體的。所以她忍受先生對自己的不合理行為，一直根據先生期望的方式生活。太太認為自己是因為愛才會這麼做，但生活中有著太多忍耐。誤以為先生喜歡的食物、音樂，甚至連電視節目都跟自己一樣，兩人非常契合，其實先生跟自己截然不同。長久下來，只是產生了先生喜歡的東西，正好自己也喜歡的錯覺。自己被巧妙的欺騙了，只不過是在配合先生而已。相反的，正在交往的男人，會想知道她內心深處真正喜歡或想要的是什麼。男人會持續的問，耐心的等待答案。經過好幾次嘗試，女人終於知道自己真正喜歡的是什麼。女人可以理解自己為什麼如此深愛新交往的男人。因為這個男人跟自己的先生不同，他會照亮且等待女人發現真正的自己。

在電影《揮灑烈愛》中，我對劇中兩棟房子留下深刻印象。這是同為畫家的夫婦芙烈妲（Frida）和迪亞哥（Diego）的房子。丈夫迪亞哥的房子是粉紅色，妻子芙烈妲的房子則油漆成藍色。兩棟房子的三樓通過一座橋連接起來。兩個人在各自獨立的家裡畫畫，當想見彼此的時候，就走過橋去找對方。這兩棟連接在一起的房子，對於我來說，就像夢幻中的房子。

雖然我沒有這種有橋作為連結的房子，但我跟先生已經分開生活十個月了。用最近的流行話來說，就是「卒婚」，也就是以前說的分居。從家裡搬出來的我一週回去一兩次。從四年前開始，每個星期六定為夫妻日，我們會一起外出。我回家的時候，先生會做飯給我吃。餐點並不特別，就是湯跟飯，再搭配上泡菜等小菜。即使如此，我還是懷著感恩的心用餐。先生做飯給我吃，即使只有一樣菜，我還是十分感動，只是煮個泡麵配飯也心懷感謝。比起餐桌上的山珍海味，最重要的是夫妻一起用餐時，我可以感受到滿滿的幸福。

因為十個月的分開生活，擺脫了長久以來附加在夫妻身上的角色，練習完完全全過「一人份」的生活。兒女到了我們夫妻結婚的年齡時，也各自搬出去住，練習過著一人份的生活。因此，全家人都可以練習成長。

在意識的旅途中，痛苦是不可避免的。想要改變，就必須付出代價。痛苦無法逃避，不論怎樣掙扎也絕對不可能成功，伴隨而來還有不幸。……意識到自身的痛苦雖然殘忍，但想要產生變化，有意識的、自發的接受痛苦是唯一的方法。想要逃避的話，只會永無止盡的在業的轉輪上轉個不停而已，最後什麼都沒有[1]。

毛毛蟲在蟲繭內經過無數次掙扎之後，才能脫離厚厚的繭破殼而出，變成美麗的蝴蝶重生。有一次，我在電視上看到某位昆蟲學者因為體恤毛毛蟲的辛苦，想要幫助毛毛蟲破繭。透過他人幫助走出蟲繭的蝴蝶踉踉蹌蹌，根本無法飛翔，不久就死了。據說小雞在破蛋而出的時候，如果有人在外面幫忙敲破蛋殼的話，小雞反而會死掉。不論是毛毛蟲、小雞，還是人類，只有通過自己的

1 引自羅伯特・A・約翰遜（Robert A・Johnson）《我們—有關浪漫愛情的榮格心理學理解》（*We: Understanding the Psychology of Romantic Love*）

力量覺醒，才能健健康康的活下去。因為不忍心它們忍受破殼的痛苦而伸出援手的話，反而變成殺人兇手。只有自己經歷過痛苦後成長，人生才會真的產生變化。

我們再回到最初那個故事，我想把耍雜技的父女故事講給先生聽。我想對先生說：「親愛的，你要盡力照顧好自己，我也會盡力照顧好自己，只有這樣，你和我才能作為夫妻一直和睦的生活下去。」我也想對兒女說：「當彼此都能照顧好自己的時候，才能有美滿幸福的家庭。」

我期待大家變成蝴蝶活著。

後記

剛過完新年，我就收到女兒的簡訊。她說夢到自己懷孕生子了，難以想像的懷孕在夢中如同現實般。八至十個月後，她生下了一個蛋。大約過了一兩天，那顆蛋就像水蒸氣那樣冒出溫熱的煙霧，接著一個小孩就出生了。人從蛋中出生？簡直就像傳說一樣，這個夢真的太過神奇了。女兒說，在夢中從此這個小孩變成自己人生的重心，感覺他是世界上最重要的人。

這時候差不多是她離開父母獨立生活滿六個月的時候。長久以來像是蟲繭內毛毛蟲的女兒總算重生了，我真的非常感動。她不再只是父母的「女兒」，如此神祕且神聖的以自己的樣貌重新誕生。

因為不跟父母一起住，跟父母連接的臍帶好像也斷了，就如同需要重生一般，女兒做的這個夢再次確認這件事。

在上父母教育課程時，我才了解，父母給於子女最大的禮物是「自己從父母傳承下來的陰影不要再傳給子女」。但這不是件容易的事情。我們很難發現自身的陰影，但為了小孩，不能不再當一回事了，這個如同命運般的影子，我們要去看清楚它，然後改變自己的人生。必須要持續去觀看那個影子，這也是作為父母決不能偷懶，務必要做的事情。

對於收到媳婦辭職信的公婆，我真心感到抱歉。公婆作為家族的長輩一直盡心盡責的照顧著大家，而且是受人滴水恩，必會湧泉回報的人。我從公婆身上學習到身為一個成人，要豁達大度，寬大為懷。

我對先生真心表示感謝。他沒有選擇離婚，而是選擇改變自己，這是一件極為困難的事。我們陸陸續續遇到了好幾次危機，可是每次先生都選擇改變自己。正因為他的改變才給我們家帶來了希望。有一天，女兒說：「我還以為人是絕對不可能改變的，但看到爸爸改變的樣子，我相信自己也能夠改變。」

我們一起慢慢解決夫妻間累積成堆的問題後，彼此關係改善了，生活也過得更加平和。這些對於兒女來說也是種禮物。因為先生的勇氣，才讓我們家人沒有各分東西，而且還各自獲得了重生。

還有，我重要的女兒和兒子，雖然是我生了你們，但我也是因為有了你們，才從小孩重新誕生成為大人的。我們夫妻是養育兒女肉體的父母，但孩子是養育我跟先生靈魂的父母。我們彼此養育著對方，同時努力對自己負責後，才成長為大人。我對我的靈魂父母，也就是我的兒女也深深表示感謝。

最後，我想對靈性老師傑里米·泰勒（Jeremy Taylor）表示感謝。這本書會誕生的契機是二〇一二年的夏天，我參加了老師最後一次拜訪韓國，所舉辦的「傑里米夢的研討會」。聽到我的夢之後，老師要我一定要把自己的故事寫出來。伴隨著強烈抗拒和強烈共鳴，最後還是完成了這本書，但也同時聽到不幸傷心的消息。新年一月一日婆婆過世了，一月三日傑里米老師也過世了。我對傑里米老師說的最後一句是「Thank you,J」我永遠無法忘記老師充滿尊重和關愛的眼神，傑里米老師比任何人都對這本書的出版感到開心。「謝謝，傑里米老師！」我要對您獻上我的謝意。

附錄

鏡子練習

鏡子練習1

寬恕自己的方法

回想夢中出現的自己所討厭的人，或是想一下現在內心不喜歡的人。

1. 請寫下我討厭那個人的三件事情。

·

·

·

2.把主詞換成自己。

・我

・我

・我

3.我是在何時、何地會有那個樣子或行動呢？

4. 我為什麼會有那個樣子（行動）呢？

5. 我真心想要改變嗎？

6. 那麼，請寫出一個可以執行的行動。

鏡子練習2

發現內在的力量

回想在夢中出現的人中，自己所羨慕的優秀或厲害的人。

1. 寫出三件那個人讓你羨慕的特質或喜歡的個性。

•

•

•

2. 看鏡子：把對方的樣子換成我。

•

•

•

3. 理解自己：沒辦法那樣做（或不做）的理由是什麼？

4. 我什麼時候曾表現過我所羨慕的那些特質或行動？

5. 我要怎樣做呢？

・允許：

「我具有

的資格。從現在起，我要接受這個事實。」

• 行動：

鏡子練習3

從內心開始解脫

回想讓自己痛苦，或是厭惡的人。

1. 請寫下在那個人身上，我所厭惡的三件事情。

•

•

•

2. 我每次看到她的時候，內心產生的批評聲音是什麼？每次有這些聲音時，我的感覺（態度）是什麼？

- 請寫下那些批判性想法。
- 請寫下自己的感覺（態度）。

3. 鏡子方法：把那個人的樣子換成自己。

・我

・我

・我

4. 我什麼時候會有那些樣子，會做出哪些行為？

5. 觀察，請寫下看到的事實。

・通過觀察後，看到的感覺是什麼呢？

6. 我要怎樣做呢？

HEART
心|視野 心視野系列 037

媳婦的辭職信

在婚姻裡我選擇不當媳婦，勇敢拋下婆家束縛後，奇蹟竟一一出現

作　　者　金英朱
譯　　者　劉小妮
總 編 輯　何玉美
主　　編　王郁渝
封面設計　李涵硯
內文排版　菩薩蠻

出版發行　采實文化事業股份有限公司
行銷企劃　陳佩宜・黃于庭・馮羿勳
業務經理　盧金城
業務發行　林坤蓉・張世明・林踏欣・王貞玉
會計行政　王雅蕙・李韶婉
法律顧問　第一國際法律事務所　余淑杏律師
電子信箱　acme@acmebook.com.tw
采實官網　http://www.acmestore.com.tw
采實粉絲團　http://www.facebook.com/acmebook

I S B N　978-957-8950-57-3
定　　價　320 元
初版一刷　2018 年 10 月
劃撥帳號　50148859
劃撥戶名　采實文化事業股份有限公司
104台北市中山區建國北路二段92號9樓
電話：(02)2518-5198
傳真：(02)2518-2098

國家圖書館出版品預行編目(CIP)資料

媳婦的辭職信：在婚姻裡我選擇不當媳婦，勇敢拋下婆家束縛後，奇蹟竟一一出現 / 金英朱作 ; -- 初版. -- 臺北市：采實文化, 2018.08
面；　公分. -- (心視野系列；37)

ISBN 978-957-8950-57-3(平裝)

177.2　　107013723

采實出版集團
ACME PUBLISHING GROUP

며느리 사표 (Resignation Letter of Daughter-in-law)
By 영주

Original Korean edition published by Saiplanet Publisher

Traditional Chinese language edition arranged with Saiplanet Publisher through CREEK&RIVER ENTERTAINMENT Co., Ltd.